SCHLAPPEN

Es ist so weit! Wir sind stolz, euch unser neues, viertes Handarbeitsbuch präsentieren zu dürfen.
Wir, das sind Didi, Micha, Tobi, Jules und Sebi. Zusammen sind wir hatnut. Wir beschäftigen uns nun schon seit mehr als fünf Jahren mit Wolle und haben in dieser Zeit eine Unmenge an Mützen, Stirnbändern, Stulpen, Täschchen, Pullis und vieles, vieles mehr produziert.
In den Jahren nach unserem ersten Buch haben wir in der damals für uns neuen Handarbeitswelt viele Eindrücke gesammelt. Eine Fülle von Ideen an Dingen, mit denen wir gerne auch in gehäkelter Form unsere Outfits aufpeppen würden, schwebt uns also ständig im Kopf herum. In diesem Teil des Buches wollen wir Euch unsere erste Kollektion an Schuhen vorstellen. Ob für daheim, unterwegs oder am Strand – wir haben einige modische Modelle für Euch entworfen, mit denen ihr bestimmt den ein oder anderen bewundernden Blick ernten werdet ;-) Ach ja, und darüber hinaus gibt es auch noch ein paar andere Stücke, an denen ihr hoffentlich auch Gefallen finden werdet, z. B. Didis Häkelhose, die sich zumindest bei uns zum modernen Klassiker entwickelt hat. Lasst uns nicht zu viel reden, sondern direkt loslegen. Um es mit Turnvater Jahns Worten zu sagen: „Frisch, fromm, fröhlich, frei ans Werk." Oder mit unseren Worten: „An die Nadel, fertig, los!"

EURE HATNUT-JUNGS

INHALT SCHLAPPEN

Vorwort — S. 1
Kleine Knooking-Schule — S. 4

SUMMERTIME

Freiluft — S. 12

Billy Belt — S. 14

Flipflop Hang Ten — S. 16

Espadrillas & Espadrillos — S. 18

HÜTTENGAUDI

Stiefelette Cozy Rosy — S. 26

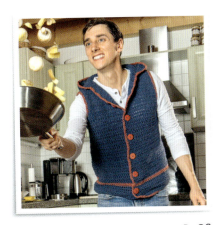

Häkelweste Käpt'n Blaubeer — S. 28

Hausschuh Kalinka — S. 31

Häkelhose Chillexy — S. 34

Hüttenschuh Winterstaude — S. 38

AUFWAND
- 🥚 = ganz schnell
- 🥚🥚 = normal
- 🥚🥚🥚 = dauert etwas

SCHWIERIGKEIT
- 🥚 = einfach
- 🥚🥚 = mit Details
- 🥚🥚🥚 = etwas kniffliger

KLEINE KNOOKING-SCHULE

HANDHALTUNG

MASCHENANSCHLAG

Mit einer Luftmaschenkette in der gewünschten Länge beginnen. Durch das Loch am Ende der Nadel einen Hilfsfaden in einer Kontrastfarbe (zur besseren Unterscheidbarkeit) zum Knooking-Stück fädeln. Der Faden dient dazu, die Maschen „zwischenzulagern". Er sollte mindestens so lang sein, dass man beim Runden-Knooken eine Runde und beim Reihen-Knooken zwei Reihen darauf ablegen kann.

HILFSFADEN

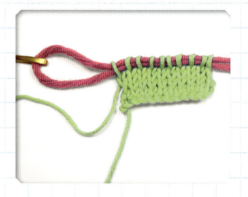

Die aufgenommenen Maschen am Ende der Reihe von der Knooking-Nadel auf den Hilfsfaden schieben. Die Arbeit ggf. wenden und zurückknooken.
Die Maschen bleiben zunächst wieder auf der Nadel.

Am Reihen-/Rundenende den Hilfsfaden aus den Maschen der Vorreihe/-runde ziehen. Die auf der Nadel befindlichen Maschen können nun wiederum auf den Hilfsfaden geschoben werden.

MASCHEN AUFNEHMEN

Von vorne durch die Masche stechen und den Arbeitsfaden um die Nadel legen.

Diesen Umschlag durch die Masche ziehen; es verbleibt eine Schlinge auf der Nadel.

Schritt 1 und 2 stets wiederholen, bis das Reihenende erreicht ist.

RECHTE MASCHEN

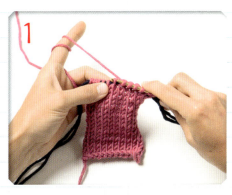

Den Arbeitsfaden hinter dem Knooking-Stück halten. Von vorne durch die nächste Masche stechen und den Arbeitsfaden um die Nadel legen.

Den Umschlag von hinten nach vorne durch die Masche ziehen.

5

LINKE MASCHEN

Den Arbeitsfaden vor dem Knooking-Stück halten. Von hinten durch die nächste Masche stechen und den Arbeitsfaden um die Nadel legen.

Den Umschlag von vorne nach hinten durch die Masche ziehen.

MASCHEN ABKETTEN

Die 1. Masche knooken. In die folgende Masche von rechts nach links einstechen, Faden holen

MASCHEN ZUNEHMEN

und durch beide auf der Nadel liegenden Schlingen ziehen. Fortlaufend wiederholen, bis alle Maschen abgekettet sind. Am Ende den Hilfsfaden herausziehen.

Mit der Nadel durch den Quersteg von vorn (bei linken Maschen) oder hinten (bei rechten Maschen) durch das Knooking-Stück stechen und den Arbeitsfaden um die Nadel legen.

Diesen Umschlag durch den Quersteg ziehen. Die Schlaufe verbleibt auf der Nadel und ist die zusätzliche Masche.

MASCHEN ABNEHMEN (ZUSAMMENKNOOKEN)

Mit der Nadel durch die nächsten beiden Maschen stechen und den Arbeitsfaden um die Nadel legen.

Den Umschlag durch beide Maschen ziehen.

GARNFARBE WECHSELN

Durch die Masche stechen und den neuen Arbeitsfaden um die Nadel legen.

Den Umschlag mit der neuen Farbe durch die Maschen ziehen. Mit der neuen Farbe weiterknooken.

KNOOKEN IN RUNDEN

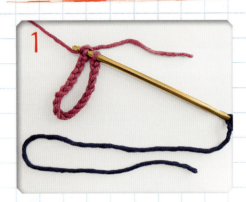

Mit einer Luftmaschenkette beginnen. Die benötigte Anzahl Luftmaschen anschlagen (siehe Kleine Häkel-Schule) und mit einer Kettmasche in die 1. Masche zur Runde schließen.

Die Schlinge auf der Nadel bildet die 1. Masche. Zum Aufnehmen in die folgende Luftmasche einstechen, den Arbeitsfaden um die Nadel legen, durch die Masche ziehen und die Schlinge als Masche auf der Nadel liegen lassen. Fortlaufend bis zur Hälfte der Arbeit wiederholen.

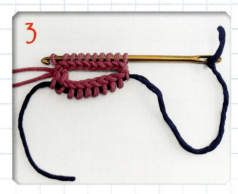

Den Hilfsfaden durch die Maschen ziehen, bis alle Maschen auf dem Hilfsfaden liegen. Aus der zweiten Hälfte der Luftmaschen ebenfalls die Maschen aufnehmen und auf der Nadel liegen lassen.

GLATT RECHTS IN RUNDEN

In die 1. Masche von rechts nach links einstechen, den Arbeitsfaden um die Nadel legen und durchziehen. Die folgenden Maschen genauso knooken, bis wieder ca. die Hälfte der Maschen auf der Nadel liegt.

Den Hilfsfaden wieder so weit durch die Maschen ziehen, bis das Ende noch 2–3 Maschen innerhalb der bereits geknookten Maschen liegt.

Fortlaufend ca. die Hälfte der Maschen knooken und dann stets den Hilfsfaden wieder bis kurz vor die bereits geknookten Maschen ziehen.

MASCHENBILDER

MUSTER GLATT RECHTS
Dieses Maschenbild ist das klassischste Knookingmuster. Die rechten Maschen bilden die bekannten V-Reihen. Wird in Runden gearbeitet (wie z. B. bei Mützen), müssen einfach nur rechte Maschen geknookt werden. Beim Knooking in Hin- und Rückreihen (wie z. B. bei einem Schal), müssen Reihe für Reihe abwechselnd rechte und linke Maschen gearbeitet werden.

MUSTER GLATT LINKS
Dieses Muster ist die Kehrseite von „glatt rechts". Dreht man einen „glatt rechts" Schal um oder wendet eine in „glatt rechts" geknookte Mütze auf links, erscheint das Muster „glatt links". Beim Arbeiten in Runden wird es erzeugt, indem nur linke Maschen gearbeitet werden. Bei Hin- und Rückreihen wechseln sich Reihe für Reihe linke und rechte Maschen ab.

RIPPENMUSTER
Das Rippenmuster bildet Ränder und Bündchen vieler Knookingobjekte. Dafür werden abwechselnd immer 1 rechte und 1 linke Masche geknookt. So entstehen die charakteristischen schmalen Säulen. Das Rippenmuster wird oft als Abschluss verwendet, da sich die Muster „glatt rechts" und „glatt links" immer etwas aufrollen. Dies kann durch einige Reihen/Runden im Rippenmuster verhindert werden.

KRAUSES MUSTER
Dieses Maschenbild ist das weichste und flauschigste der hier verwendeten Muster. Wird es in Runden geknookt, wechseln sich Runde für Runde rechte und linke Maschen ab. Beim Arbeiten in Reihen werden in der Hin- und Rückreihe immer rechte oder linke Maschen geknookt.

FESTONSTICH

Mit dem Festonstich werden Häkelteile an Espadrilles-Sohlen genäht. Dazu von links nach rechts arbeiten. Den senkrechten Verbindungsstich von oben (durch das Häkelstück) nach unten (durch den Sohlenrand) ausführen. Darauf achten, dass der Arbeitsfaden dabei stets unter der Nadelspitze liegt, so entsteht beim Durchziehen des Fadens am Rand eine Schlinge.

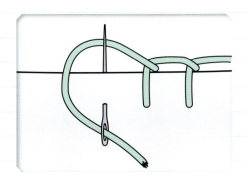

FREILUFT

Aufwand
Schwierigkeitsgrad

Material
- hatnut surf (50% Baumwolle, 50% Polyacryl, Lauflänge 65 m/50 g): je 1 Knäuel Zitrone (421) und Royal (451) bzw. je 1 Knäuel Orange (428), Azurblau (453) und Weiß (401)
- Häkelnadel Stärke 4
- Espadrilles-Sohlen in gewünschter Größe von Prym
- Sternzwirn, gebogene Nadel

FÜR ALLE, DIE SICH NICHT MIT EINEM FADEN ZWISCHEN GROSSEM ZEH UND ZWEITEM ZEH ANFREUNDEN KÖNNEN, IST FREILUFT DIE PERFEKTE WAHL ALS SOMMERLICHE SCHLAPPE. AUCH TOBI UND DIDI FÜHLEN SICH IN DIESER ART VON SCHUH AM WOHLSTEN.

SO WIRD'S GEMACHT

Die Schlappe Freiluft wird in Hin- und Rückreihen gearbeitet. Die Farbe wird immer nach der Rückreihe gewechselt, so entsteht das Streifenmuster.
Für Schuhgröße 43 in Royal 27 Luftmaschen anschlagen. Die Arbeit wenden und mit der 2. Luftmasche von der Nadel aus beginnend je 1 feste Masche in jede Luftmasche häkeln (= 26 Maschen). Jede Reihe mit 1 Wendeluftmasche beginnen. Die Farbe wechseln und in Zitrone je 1 Hin- und 1 Rückreihe häkeln. Erneut Farbe wechseln und in Royal je 1 Hin- und 1 Rückreihe arbeiten, dabei in der Rückreihe jeweils die ersten 2 Maschen und die letzten 2 Maschen der Reihe zusammen abmaschen (= 24 Maschen). Wieder die Farbe wechseln und in Zitrone das Schema der vorherigen Reihen wiederholen (= 22 Maschen). Die nächste Hin- und Rückreihe ohne Abnahme in Royal häkeln. Nach einem weiteren Farbwechsel je 1 Hin- und 1 Rückreihe in Zitrone häkeln. Dabei in der Rückreihe erneut jeweils die ersten 2 Maschen und die letzten 2 Maschen der Reihe zusammen abmaschen (= 20 Maschen). Um die richtige Höhe zu bekommen, noch jeweils 1 Hin- und 1 Rückreihe in Royal und Zitrone arbeiten. Zum Schluss 1 Hinreihe in Royal häkeln, dann die gesamte Arbeit einmal mit festen Maschen in Royal umhäkeln. Das Teil für den zweiten Schuh ebenso arbeiten.
Für kleinere Schuhgrößen einfach die Maschenzahl entsprechend verringern.

Fertigstellung
Den Fuß auf die Sohle stellen. Das Häkelstück so platzieren, dass die obere Kante an den Zehenansätzen liegt. Die Position markieren und dann mit dem Festonstich (siehe S. 9) entsprechend festnähen.

Hinweise
Für einen stabilen Halt der Schlappen muss sehr fest gehäkelt werden. Das Häkelstück soll mit Spannung passen.
Für Tobis Variante in Blau-Weiß beim Luftmaschenanschlag nach 4 Luftmaschen in Weiß die Farbe wechseln und in Azurblau 23 weitere Luftmaschen anschlagen. In den folgenden Reihen den Farbwechsel immer um 1 Masche verschieben. Insgesamt 9 Hin- und Rückreihen arbeiten. Zuletzt das Häkelstück einmal mit festen Maschen in Orange umhäkeln.

BILLY BELT

Aufwand
Schwierigkeitsgrad

Material
- hatnut surf (50 % Baumwolle, 50 % Polyacryl, Lauflänge 65 m/50 g): für Variante 1 je 1 Knäuel Royal (451) und Limone (474), für Variante 2 je 1 Knäuel Weiß (401) und Zitrone (421)
- Häkelnadel Stärke 4
- Gürtelschnalle von Prym

SO WIRD'S GEMACHT

Variante 1: Der Gürtel wird komplett mit festen Maschen gehäkelt. In Limone 5 Luftmaschen anschlagen. 1 feste Masche in jede Luftmasche häkeln, dabei mit der 2. Luftmasche ab Nadel beginnen. Wenden. Farbe wechseln und in Royal weiterhäkeln. Ab jetzt jede Reihe mit 1 Wendeluftmasche für die Höhe beginnen und die Farbe nach jeder 2. Reihe, also nach jeder Rückreihe, wechseln. Ist die gewünschte Länge des Gürtels plus 2 cm zum Umlegen für die Gürtelschnalle erreicht, den Gürtel einmal rundum mit festen Maschen in Royal umhäkeln.

Variante 2: Entsprechend der gewünschten Gürtellänge Luftmaschen in Weiß anschlagen. Sebi passt der Gürtel ideal mit einer Maschenzahl von 180 Luftmaschen. 1 feste Masche und 1 Stäbchen im Wechseln in die Luftmaschen häkeln, dabei mit der 2. Luftmasche ab Nadel beginnen. Wenden. Ab jetzt beginnt jede Reihe mit 1 Wendeluftmasche für die Höhe. Farbe wechseln und in Zitrone 1 feste Masche in jedes Stäbchen der Vorreihe und 1 Stäbchen in jede feste Masche der Vorreihe arbeiten, wenden. In der nächsten Reihe erneut die Farbe wechseln und in Weiß wie beschrieben die Stäbchen als feste Maschen und die festen Maschen als Stäbchen abhäkeln. Dann noch je 1 Reihe in Zitrone und Weiß ebenso arbeiten. Die Farbfolge ist nun: Weiß, Zitrone, Weiß, Zitrone, Weiß. Zum Abschluss für eine bessere Stabilität den Gürtel einmal mit Kettmaschen in Weiß umhäkeln.

Fertigstellung
Fäden vernähen und die Gürtelschnalle am einen Ende des Gürtels platzieren, ca. 1 cm umklappen und mit einem Wollfaden festnähen.

Im letzten Urlaub wollte sich Didi gerade in Schale werfen, um die lokalen Bars unsicher zu machen, da scheiterte er fast bei der Suche nach seinem Gürtel. Den hatte er wohl zu Hause in München vergessen. Er wollte sich den Abend aber nicht durch eine rutschende Hose verderben lassen: im Reisegepäck entdeckte er Wolle und Häkelnadel und schon war die Idee zum modischen Häkelgürtel geboren.

14

Aufwand 🔔
Schwierigkeitsgrad 🔔🔔

Material
- hatnut surf (50 % Baumwolle, 50 % Polyacryl, Lauflänge 65 m/50 g): je 1 Knäuel Türkis (465) und 1 Knäuel Weiß (401) bzw. je 1 Knäuel Hummer (434) und Azurblau (451)
- Häkelnadel Stärke 4
- Espadrilles-Sohlen in gewünschter Größe von Prym
- Sternzwirn, gebogene Nadel

DER URSPRÜNGLICHE ZWECK DIESER FUSS-BEKLEIDUNG IST DER SCHUTZ DER FUSSSOHLE GEGEN DEN HEISSEN UNTERGRUND. WIR FINDEN FLIPFLOPS SEHEN DAZU AUCH NOCH GUT AUS – GEHÄKELT NOCH VIEL BESSER ALS DIE GANZEN PLASTIKVARIATIONEN. ZUDEM SIND SIE BEQUEM UND VERSETZEN EINEN UMGEHEND IN URLAUBSFEELING.

16

HANG TEN

So wird's gemacht

Die Flipflops sind komplett mit festen Maschen gearbeitet.
Schuhgröße 44: Mit Türkis 36 Luftmaschen anschlagen. 1 feste Masche in die 2. Luftmasche ab Nadel, dann je 1 feste Masche in die folgenden 15 Luftmaschen häkeln, in die 16. Luftmasche 3 feste Maschen arbeiten, dann je 1 feste Masche in die restlichen 19 Luftmaschen (= 37 Maschen). Wenden. Ab jetzt jede Reihe mit 1 Wendeluftmasche für die Höhe beginnen. **2. Reihe:** 1 feste Masche in jede Masche, nur in die 20. Masche 3 feste Maschen häkeln, die letzten 2 Maschen der Reihe zusammen abmaschen (= 38 Maschen). Die folgenden 4 Reihen werden nach demselben Schema gearbeitet: Feste Maschen häkeln, in die Spitze 3 feste Maschen in 1 Masche arbeiten und die letzten 2 Maschen einer Reihe zusammen abmaschen. Nach insgesamt 6 Reihen (= 42 Maschen) die Farbe wechseln und in Weiß das ganze Häkelstück mit festen Maschen umhäkeln. Für den vorderen Steg des Flipflops mit Weiß an der Spitze neu anschlingen und 7 Luftmaschen anschlagen. Diese Luftmaschen mit 2 Reihen Kettmaschen behäkeln, zum Wenden die beiden Maschen der Spitze ebenfalls mit behäkeln, das macht den Steg haltbarer. Nach der letzten Kettmasche den Arbeitsfaden ca. 50 cm überstehen lassen und dann abschneiden. Für den anderen Fuß mit der gleichen Maschenzahl und nach dem gleichen Schema arbeiten, aber die Spitze in die 20. Luftmasche arbeiten.
Schuhgröße 41: Den Flipflop wie für Größe 44 beschrieben häkeln, dazu aber nur 29 Luftmaschen in Hummer anschlagen und die Spitze einmal in die 13. Masche und für den anderen Fuß in die 17. Masche arbeiten. Den vorderen Steg mit nur 5 Luftmaschen ansetzen und diese dann mit 2 Reihen Kettmaschen behäkeln.

Fertigstellung
Mit dem Fuß auf die Sohle stellen und den Punkt zwischen großem Zeh und zweitem Zeh markieren. Dabei ganz unten am Zwischenraum markieren, damit der Flipflop nachher gut sitzt. Dort den Steg am Schuh

befestigen. Dazu den überstehenden Arbeitsfaden in die Nadel fädeln und damit durch die Sohle stechen, dann durch die untersten Kettmaschen und erneut durch die Sohle stechen. Festziehen, sodass der Steg ganz eng auf der Sohle sitzt, und den Faden am unteren Teil des Stegs verknoten. Restfaden vernähen und abschneiden. Erneut den Fuß auf die Sohle stellen, dabei den Steg zwischen den Zehen platzieren. Wichtig: Das kurze Stück der Arbeit ist auf der Schuhinnenseite das längere Stück auf der Schuhaußenseite. Dann die zwei Enden auf Spannung an die Innen- und Außenkante der Sohle halten und die jeweilige Position markieren. Für ein gutes Tragegefühl ist es wichtig, die Teile wirklich sehr eng zu platzieren. Nun die Kanten des Flipflops an den markierten Stellen mit dem Festonstich festnähen (siehe S. 9). Fertig ist der Flipflop.

ESPADRILLAS & ESPADRILLOS

Aufwand

Schwierigkeitsgrad

Material

Für die Espadrillas:
- hatnut surf (50 % Baumwolle, 50 % Polyacryl, Lauflänge 65 m/50 g): 2 Knäuel Farbe 1: Wollweiß (402) und 1 Knäuel Farbe 2: Hummer (434)

Für die Espadrillos:
- hatnut surf (50 % Baumwolle, 50 % Polyacryl, Lauflänge 65 m/50 g): 2 Knäuel Farbe 1: Azurblau (451) und 1 Knäuel Farbe 2: Weiß (401)

Für beide:
- Häkelnadel Stärke 4,5
- Espadrilles-Sohlen in gewünschter Größe von Prym
- Sternzwirn oder Espadrilles-Kreativgarn von Prym, gebogene Nadel

SO WIRD'S GEMACHT

Die Espadrillas (Größe 36 und 38) und Espadrillos (Größe 42 und 44) bestehen jeweils aus einem Vorder- und einem Fersenteil, die separat gearbeitet und anschließend zusammengenäht, umhäkelt und dann an die Sohle genäht werden. Bitte beachtet, dass die Sohlen relativ groß ausfallen. So kann für eine Schuhgröße von 43–44 die Sohle Größe 42 gewählt werden.
Die Teile für den rechten und linken Schuh werden gleich gehäkelt.

Das Vorderteil wird in Reihen hin- und hergehäkelt. Bei den Espadrillas zeigt ein Muster aus gekreuzten Stäbchen im Vorderteil ein wenig mehr vom schönen Fuß der Trägerin.
Für die gekreuzten Stäbchen jeweils 1 Masche überspringen, 1 Stäbchen in die nächste Masche, dann 1 Stäbchen in die übersprungene Masche häkeln usw. Die Reihen mit festen Maschen jeweils mit 1 Luftmasche, die Reihen mit gekreuzten Stäbchen jeweils mit 3 Luftmaschen wenden.

Bei den Espadrillos wird hauptsächlich mit festen Maschen gearbeitet. Die Maschenzahlen für die gewünschte Schuhgröße können der Tabelle Vorderteil entnommen werden. Es muss relativ fest gehäkelt werden.

LETZTES JAHR AUF DER HANDARBEITSMESSE IN KÖLN FIEL UNS EIN PROSPEKT DER ESPADRILLES-SOHLEN VON PRYM IN DIE HÄNDE. WIR WAREN SO BEGEISTERT, DASS WIR ZUM STAND VON PRYM PILGERTEN. DORT WURDEN DIREKT ERSTE IDEEN BESPROCHEN UND MÖGLICHE WEGE EINES GEMEINSAMEN PROJEKTS ABGESTECKT. EIN ERGEBNIS DIESES TAGES IST DAS VORLIEGENDE BUCH!
BEI UNSEREN ESPADRILLES STAND DIE ALLTAGSTAUGLICHKEIT IM VORDERGRUND. DIE AUSWAHL DER WOLLSORTE UND DER MASCHENART ERFOLGTE UNTER DEM GESICHTSPUNKT, DASS DER HÄKELSCHUH SEINEN STOFFKUMPANEN IN SACHEN FESTIGKEIT UND TRAGEKOMFORT IN NICHTS NACHSTEHEN SOLLTE.

Das Fersenteil wird ebenfalls in Reihen gehäkelt, bitte die Maschenzahlen aus der Tabelle Fersenteil entnehmen.

Dann Vorderteil und Fersenteil mit 6 Festonstichen bei den Espadrillas und 7 Festonstichen bei den Espadrillos auf beiden Seiten des Fersenteils mit Garn in Farbe 2 zusammengenäht. Anschließend das Häkelstück unten und oben mit jeweils 1 Reihe festen Maschen eng umhäkeln. Dabei oben im Fersenteil nochmals 2 Maschen abnehmen. Das fertige Häkelteil mit Stecknadeln auf der Sohle fixieren und mit Festonstich (siehe S. 9) rundherum annähen. Dafür einen farblich passenden Sternzwirn oder Kreativgarn verwenden. Fertig ist ein luftiger Sommerschuh!

Tabelle Vorderteil Größe 36 und 38

	Größe 36	Größe 38
Anschlag	5 Luftmaschen	5 Luftmaschen
1. Reihe	4 feste Maschen	4 feste Maschen
2. Reihe	6 feste Maschen	6 feste Maschen
3. Reihe	6 feste Maschen	6 feste Maschen
4. Reihe	8 feste Maschen	8 feste Maschen
5. Reihe	10 feste Maschen	10 feste Maschen
6. Reihe	12 feste Maschen	12 feste Maschen
7. Reihe	12 feste Maschen	12 feste Maschen
8. Reihe	14 feste Maschen	14 feste Maschen
9. Reihe	16 feste Maschen	16 feste Maschen
10. Reihe	16 gekreuzte Stäbchen	18 feste Maschen
11. Reihe	16 gekreuzte Stäbchen	18 gekreuzte Stäbchen
12. Reihe	16 gekreuzte Stäbchen	18 gekreuzte Stäbchen
13. Reihe	16 gekreuzte Stäbchen	18 gekreuzte Stäbchen
14. Reihe	16 gekreuzte Stäbchen	18 gekreuzte Stäbchen
15. Reihe	16 Kettmaschen	18 gekreuzte Stäbchen
16. Reihe	–	18 Kettmaschen

Tabelle Vorderteil Größe 42 und 44

	Größe 42	Größe 44
Anschlag	5 Luftmaschen	7 Luftmaschen
1. Reihe	4 feste Maschen	6 feste Maschen
2. Reihe	6 feste Maschen	8 feste Maschen
3. Reihe	6 feste Maschen	8 feste Maschen
4. Reihe	8 feste Maschen	10 feste Maschen
5. Reihe	10 feste Maschen	12 feste Maschen
6. Reihe	12 feste Maschen	14 feste Maschen
7. Reihe	12 feste Maschen	14 feste Maschen
8. Reihe	14 feste Maschen	16 feste Maschen
9. Reihe	14 feste Maschen	16 feste Maschen
10. Reihe	16 feste Maschen	18 feste Maschen
11. Reihe	16 feste Maschen	18 feste Maschen
12. Reihe	18 feste Maschen	20 feste Maschen
13. Reihe	18 feste Maschen	20 feste Maschen
14. Reihe	18 feste Maschen	20 feste Maschen
15. Reihe	18 feste Maschen	20 feste Maschen
16. Reihe	20 feste Maschen	22 feste Maschen
17. Reihe	20 feste Maschen	22 feste Maschen
18. Reihe	22 feste Maschen	24 feste Maschen
19. Reihe	22 feste Maschen	24 feste Maschen
20. Reihe	22 feste Maschen	24 feste Maschen
21. Reihe	22 feste Maschen	24 feste Maschen
22. Reihe	8 feste Maschen + 6 Kettmaschen + 8 feste Maschen	24 feste Maschen
23. Reihe	5 feste Maschen + 12 Kettmaschen + 5 feste Maschen	8 feste Maschen + 8 Kettmaschen + 8 feste Maschen
24. Reihe	3 feste Maschen + 16 Kettmaschen + 3 feste Maschen	6 feste Maschen + 6 Kettmaschen + 6 feste Maschen
25. Reihe	–	4 feste Maschen + 16 Kettmaschen + 4 feste Maschen

Tabelle Fersenteil

	Größe 36	Größe 38	Größe 42	Größe 44
Anschlag	45 Luftmaschen	47 Luftmaschen	42 Luftmaschen	51 Luftmaschen
1. Reihe	44 feste Maschen	46 feste Maschen	41 feste Maschen	50 feste Maschen
2. Reihe	44 feste Maschen	46 feste Maschen	41 feste Maschen	50 feste Maschen
3. Reihe	44 feste Maschen	46 feste Maschen	41 feste Maschen	50 feste Maschen
4. Reihe	44 feste Maschen	46 feste Maschen	41 feste Maschen	50 feste Maschen
5. Reihe	14 Kettmaschen + 16 feste Maschen + 14 Kettmaschen	46 feste Maschen	41 feste Maschen	50 feste Maschen
6. Reihe	16 Kettmaschen + 10 feste Maschen* + 16 Kettmaschen	15 Kettmaschen + 16 feste Maschen + 15 Kettmaschen	41 feste Maschen	50 feste Maschen
7. Reihe	16 Kettmaschen + 8 feste Maschen* + 16 Kettmaschen	16 Kettmaschen + 12 feste Maschen* + 16 Kettmaschen	12 Kettmaschen + 17 feste Maschen + 12 Kettmaschen	15 Kettmaschen + 20 feste Maschen + 15 Kettmaschen
8. Reihe	–	16 Kettmaschen + 10 feste Maschen* + 16 Kettmaschen	14 Kettmaschen + 11 feste Maschen* + 14 Kettmaschen	17 Kettmaschen + 14 feste Maschen* + 17 Kettmaschen
9. Reihe	–	–	14 Kettmaschen + 9 feste Maschen* + 14 Kettmaschen	18 Kettmaschen + 10 feste Maschen* + 18 Kettmaschen
10. Reihe	16 Kreuzstäbchen	18 feste Maschen		
11. Reihe	16 Kreuzstäbchen	18 Kreuzstäbchen		
12. Reihe	16 Kreuzstäbchen	18 Kreuzstäbchen		
13. Reihe	16 Kreuzstäbchen	18 Kreuzstäbchen		
14. Reihe	16 Kreuzstäbchen	18 Kreuzstäbchen		
15. Reihe	16 Kettmaschen	18 Kreuzstäbchen		
16. Reihe	–	18 Kettmaschen		

* In den letzten 2 Reihen des Fersenteils jeweils die 2. und 3. Masche sowie die drittletzte und vorletzte Masche der festen Maschen zusammen abmaschen, so entsteht die Fersenkappe.

COZY ROSY

Aufwand 🌰🌰
Schwierigkeitsgrad 🌰

Material

- hatnut XL 55 (50 % Schurwolle, 50 % Polyacryl, Lauflänge 55 m/50 g): 3 Knäuel Weiß (01), 3 Knäuel Schwarz (99) und 2 Knäuel Gras (70)
- Häkelnadel Stärke 6
- Espadrilles-Sohlen von Prym
- Sternzwirn, gebogene Nadel

IN DER HÜTTE INS BAD LAUFEN, IN DIE WASSERLACHE UNTER DEM WASCHBECKEN TRETEN UND DIE SOCKEN SIND NASS UND KALT … DIESE SITUATION GEHÖRT MIT DER STIEFELETTE DER VERGANGENHEIT AN. DANEBEN BIETET SIE DURCH DEN HOHEN SCHNITT VIEL WÄRME UND GLEICHZEITIG GENÜGEND HALT FÜR JEDE HÜTTENGAUDI. DIE STIEFELETTE ROCKT!

SO WIRD'S GEMACHT

Cozy Rosy wird in Runden gearbeitet und von oben begonnen. Die Maschenzahlen für Schuhgröße 43 stehen vor, für Schuhgröße 40 in den Klammern.
In Gras 35 (33) Luftmaschen anschlagen und zur Runde schließen. Ab jetzt jede Runde Stäbchen mit 2 Luftmaschen beginnen, um die nötige Höhe zu erreichen, bei festen Maschen nur 1 Anfangsluftmasche arbeiten. Jede Runde mit einer Kettmasche in die 1. Masche schließen. 6 Runden Stäbchen in Gras häkeln. Dann alle weiteren Runden mit festen Maschen arbeiten und für das Streifenmuster die Runden im Wechsel in Weiß und Schwarz häkeln. Beginnend mit Weiß 8 Runden feste Maschen häkeln, dann mit den Zunahmen beginnen. Für eine Zunahme die ersten 17 (16) Maschen häkeln, in die 18. (17.) Masche 5 feste Maschen arbeiten und dann die restlichen 17 (16) Maschen abhäkeln. Nun die nächsten 12 (10) Runden nach demselben Schema arbeiten, also über den gleichen Stellen zunehmen: Jeweils in die mittlere Masche der 5er-Gruppe wieder 5 feste Maschen häkeln, die restlichen Maschen stets normal abhäkeln. In der 18. und 19. (16. und 17.) Runde (gezählt ab dem schwarz-weißen Muster mit festen Maschen) zusätzlich noch eine Zunahme für die Ferse arbeiten. Dazu in der 2. Masche der Runde und in der vorletzten Masche jeweils 1 Masche zunehmen, indem 2 feste Maschen 1 Masche gehäkelt werden. Nach insgesamt 21 (19) gehäkelten Runden feste Maschen in Schwarz und Weiß ist die Zielgröße erreicht. Nun noch 3 Runden feste Maschen ohne Zunahme häkeln. Zum Abschluss für eine bessere Stabilität 1 Runde Kettmaschen häkeln.
Die zweite Stiefelette ebenso arbeiten.
Für andere Schuhgrößen die Maschenanzahl für das Bündchen sowie die Rundenzahl der Zunahmen entsprechend vergrößern oder verkleinern. Man kann die Häkelarbeit immer wieder auf die gewünschte Sohle legen, um zu sehen ob die Größe passend ist.
Soll die Stiefelette einfarbig gehäkelt werden, benötigt man 5 Knäuel von der Basisfarbe und 2 Knäuel für das Bündchen.
Fertigstellung: Fäden vernähen und die Stiefelette mit Stecknadeln auf der Sohle fixieren. Nun die Stiefelette mit Sternzwirn im Festonstich (siehe S. 9) auf die Sohle nähen. Fertig ist die Stiefelette.

KÄPT'N BLAUBEER

Aufwand 🫘🫘🫘
Schwierigkeitsgrad 🫘🫘

Material
- hatnut denim (35 % Baumwolle, 30 % Schurwolle, 35 % Polyacryl, Lauflänge 75 m/50 g): 11 Knäuel Blau (55) und 1 Knäuel Rot (30)
- Häkelnadel Stärke 6
- 6 farblich passende Knöpfe

Maschenprobe
10 Stäbchen und 7 Reihen = 10 x 10 cm

AUF DER SUCHE NACH DEM PERFEKTEN FASCHINGSKOSTÜM HAT DIDI EINE FETZIGE FRANSENWESTE FÜR SEIN COWBOYOUTFIT GEFUNDEN. WÄHREND DER FASCHINGSPARTY KAM IHM DANN DIE IDEE, DASS SO EINE WESTE NICHT NUR IM WILDEN WESTEN GUT AUSSEHEN WÜRDE. NATÜRLICH AN DIE HEUTIGE ZEIT ANGEPASST: ALSO OHNE FRANSEN, ABER DAFÜR MIT KAPUZE.

SO WIRD'S GEMACHT

Die Weste wird in einem Stück nur mit Stäbchen gearbeitet. Man beginnt am unteren Rand und endet mit der Kapuze. Für eine Männergröße M (Sebis Statur) zu Beginn 114 Luftmaschen in Blau anschlagen.

1. Reihe: Mit der 2. Luftmasche von der Nadel aus beginnend je 1 Stäbchen in jede Luftmasche häkeln (= 112 Stäbchen). Ab jetzt jede Reihe mit 2 Luftmaschen beginnen. Nun weitere 27 Reihen mit Stäbchen häkeln, dann beginnen die Armausschnitte. Die 7. Reihe von unten wird in Rot gearbeitet, danach geht es wieder in Blau weiter. In der 5., 11., 17., 23., 29. und 35. Reihe werden Knopflöcher eingearbeitet, dazu in die sechstletzte Masche der Reihe 1 feste Masche arbeiten, dann 3 Maschen mit 3 Luftmaschen überspringen, in die vorletzte Masche wieder 1 feste Masche und in die letzte Masche 1 Stäbchen häkeln. In der folgenden Reihe die 3 Luftmaschen normal mit Stäbchen abhäkeln und schon entsteht ein passendes Knopfloch.

Nun die Aussparrungen für die Arme arbeiten. Dazu wird eine linke Vorderseite, ein Rückenteil und eine rechte Vorderseite gearbeitet (siehe Schnittzeichnung auf S. 30). Für die **Vorderseiten** vom Rand her 29 Stäbchen häkeln (= 29. Reihe). Arbeit wenden.

30. Reihe: Die ersten 2 Maschen überspringen, über die restlichen 27 Maschen Stäbchen häkeln.

31. Reihe: Nach 2 Wendeluftmaschen in der nächsten Reihe 25 Stäbchen häkeln. Arbeit wenden.

32. Reihe: Die ersten 2 Maschen überspringen und über die restlichen 23 Maschen Stäbchen häkeln.

33.–38. Reihe: Stäbchen ohne Abnahmen häkeln (= 23 Maschen).

39.–43. Reihe: Für den V-Ausschnitt jeweils an der Außenseite 1 Masche abnehmen. Nun ist die passende Länge der Weste erreicht.

Für das **Rückenteil** in der 29. Masche in der 29. Reihe (Ende des einen Vorderteil) neu ansetzen und die Maschen bis zur anderen Vorderseite abhäkeln (= 56 Maschen), das letzte Stäbchen in dieselbe Masche wie das letzte Stäbchen der anderen Vorderseite häkeln (= 29. Reihe).

30. Reihe: Die ersten 2 Maschen überspringen, über die restlichen Maschen bis auf die letzten 2 Maschen Stäbchen häkeln (= 52 Maschen). Diese 30. Reihe noch 2-mal wiederholen (= 44 Maschen). Farbe wechseln und 1 Reihe ohne Abnahmen in Rot häkeln, danach Farbe erneut wechseln und 10 Reihen Stäbchen in Blau häkeln, die richtige Länge der Weste ist erreicht (= 43 Reihen).

Fertigstellung

Nun die Vorderteile mit dem Rückenteil so verbinden, dass die Armöffnungen der Weste entstehen. Dazu die Vorderseiten umklappen, sauber auf die Rückseite legen und vom Armausschnitt beginnend 11 Maschen auf der Innenseite mit festen Maschen zusammenhäkeln.

Für die **Kapuze** den Wollfaden am Beginn der Reihe neu ansetzen. In den nächsten 6 Reihen jeweils eine Zunahme in der jeweils 12. Masche vom Rand arbeiten, d. h. pro Reihe 2 Maschen zunehmen. Nun noch 14 weitere Reihen Stäbchen ohne Zunahme häkeln, dabei für die 11. Reihe nochmal die Farbe wechseln und in Rot arbeiten. Danach wieder in Blau häkeln. Um der Kapuze ihre richtige Form zu geben, das Gehäkelte aufeinanderlegen und die obere Kante auf der Innenseite mit festen Maschen zusammenhäkeln. Einmal alle Ränder der Weste in Rot mit festen Maschen umhäkeln. Fäden vernähen. Die Knöpfe auf der richtigen Höhe für die Knopflöcher annähen. Fertig ist die Kapuzenweste für die stürmische See!

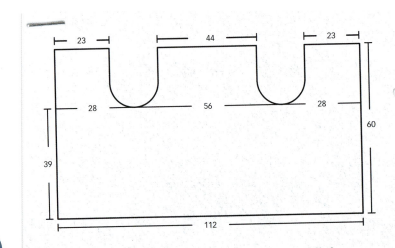

Aufwand
Schwierigkeitsgrad

Material
- hatnut XL 55 (50 % Schurwolle, 50 % Polyacryl, Lauflänge 55 m/50 g): 3 Knäuel Iris (53) und 1 Knäuel Neonpink (80) bzw. je 2 Knäuel Weiß (01) und Petrol (69)
- Häkelnadel Stärke 6

KALINKA

So wird's gemacht

Die Schlappen entstehen aus einem großen und zwei kleinen Häkelquadraten, die dann zusammengehäkelt werden. Für das große Quadrat 5 Luftmaschen in Iris anschlagen und mit einer Kettmasche in die 1. Luftmasche zum Ring schließen. Ab jetzt jede Runde mit 2 Luftmaschen für die nötige Höhe beginnen und mit einer Kettmasche in das 1. Stäbchen schließen.

1. Runde: 4-mal im Wechsel 3 Stäbchen und 3 Luftmaschen in den Maschenring arbeiten.

2. Runde: 1 Stäbchen in jedes Stäbchen der Vorrunde häkeln und um die Luftmaschenbogen jeweils 5 Stäbchen arbeiten, dadurch entstehen die Ecken des Häkelquadrats.

3.–6. Runde: 1 Stäbchen in jedes Stäbchen der Vorrunde und jeweils 5 Stäbchen in die mittlere Masche der Ecken (= 3. Masche der 5er-Stäbchengruppe) arbeiten. Das große Quadrat ist fertig.

Die kleinen Quadrate nach demselben Schema arbeiten, dabei aber mit halben Stäbchen und insgesamt nur 3 Runden häkeln. Bei halben Stäbchen ist 1 Luftmasche zu Rundenbeginn für die Höhe ausreichend.

Fertigstellung

Zum Zusammenhäkeln das große Quadrat so zusammenklappen, dass sich zwei gegenüberliegende Ecken berühren. Nun erkennt man zwei Flächen, in die genau die zwei kleinen Quadrate passen. Das erste kleine Quadrat in die Fläche legen, an der Fußspitze müssen die 5 Maschen der Spitzen des kleinen und des großen Quadrats übereinanderliegen. Nun beginnend von dem Punkt, wo sich die drei Spitzen berühren, die Quadrate mit festen Maschen in Neonpink zusammenhäkeln. Ist das kleine Quadrat komplett eingehäkelt, weiter den kurzen Steg (zwischen den zwei Ecken des großen Quadrats) zusammenhäkeln.

LETZTEN MONAT WAR JULES BEI FREUNDEN ZUM ABENDESSEN EINGELADEN UND HATTE EINEN TOLLEN ABEND. WÄHREND DAS VIELE LACHEN UND DISKUTIEREN EINE GESUNDE RÖTE IN SEIN GESICHT ZAUBERTE, WAREN SEINE FÜSSE AUF DEM FLIESENBODEN EISKALT. WIEDER DAHEIM HAT ER SICH GLEICH DARANGEMACHT, RUSSENSCHLAPPEN ZU HÄKELN.

Das zweite kleine Quadrate auf die andere Öffnung legen (die Ecken am Fußende müssen genau übereinanderliegen). Beginnend von einer der seitlich liegenden Ecken den Fersenteil zusammenhäkeln (bis zur gegenüberliegenden Ecke), so entsteht die Fußöffnung. Nicht weiter zusammenhäkeln, sondern nur noch das kleine Quadrat umhäkeln, bis der Ausgangspunkt wieder erreicht ist. Von dort den restlichen Rand des großen Quadrats umhäkeln, bis der gesamte Schlappen einen Rand in Neonpink hat. Fäden vernähen und fertig ist der Schlappen.

Für kleinere Fußgrößen entsprechend weniger Runden bei den Quadraten arbeiten. Für ein Streifenmuster nach jeder Runde die Farbe wechseln. Dabei darauf achten, dass die kleinen Quadrate nicht mit der gleichen Farbe wie das große Quadrat, sondern mit der anderen Farbe begonnen werden müssen.

32

CHILLEXY

Aufwand
Schwierigkeitsgrad

Material
- hatnut denim (35 % Baumwolle, 30 % Schurwolle, 35 % Polyacryl, Lauflänge 75 m/50 g): 12 Knäuel Blau (55), 1 Knäuel Rot (30)
- Häkelnadel Stärke 6
- Hosengummi, 4 cm breit, Länge nach Bauchumfang
- 3 Druckknöpfe für den Hosenladen

Maschenprobe
12 halbe Stäbchen und 9 Reihen = 10 x 10 cm

SO WIRD'S GEMACHT

Die Hose besteht aus zwei Vorderteilen und zwei Hinterteilen und einer Gesäßtasche. Vorder- und Hinterteile werden mit halben Stäbchen, die Umrandung, die Gesäßtasche und der Hosenbund mit festen Maschen gehäkelt. Die fünf Teile werden in Reihen gehäkelt. Dabei die Reihen feste Maschen mit 1 Wendeluftmasche, die Reihen halbe Stäbchen mit 2 Luftmaschen (= 1. halbes Stäbchen) beginnen. Bis auf das Finish wird alles in Blau, die Umrandung in Rot gehäkelt.

Für eine Hose mit einem Bauchumfang von 100 cm passen die Maße abgebildeten Schnittmusters. Die Maschenzahlen beziehen sich auf diese Größe.

Vorderteil (2-mal): 32 Luftmaschen anschlagen. Für den Hosenbund 5 Reihen mit 31 festen Maschen häkeln. Anschließend 6 Reihen mit 31 halben Stäbchen häkeln. In der 7. Reihe nach dem Hosenbund die letzte Masche verdoppeln (= 32 Maschen). Die 8.–15. Reihe mit 32 halben Stäbchen häkeln. In der 16. Reihe die letzten 4 Maschen der Vorreihe nicht behäkeln und schon nach 28 Maschen wenden. In der 17. Reihe die letzte Masche verdoppeln (= 29 Maschen). In der 19., 21. und 23. Reihe jeweils die 1. Masche verdoppeln (= 32 Maschen). In der 25. Reihe die 1. und die letzte Masche verdoppeln (= 34 Maschen). In der 27. Reihe die 1. Masche verdoppeln (= 35 Maschen). In der 28. Reihe die letzte Masche verdoppeln (= 36 Maschen). In der 29. Reihe die 1. Masche verdoppeln (= 37 Maschen). In der 31. Reihe die 1. und 2. sowie die 3. und 4. Masche zusammen abmaschen (= 35 Maschen). In der 33. Reihe die 1. und 2. Masche zusammen abmaschen und die letzte Masche verdoppeln (= 35 Maschen). In der 35. und 37. Reihe die 1. und 2. Masche zusammen abmaschen (= 33 Maschen). Bis zur 40. Reihe die 33 Maschen beibehalten. In der 41. Reihe die 1. und 2. Masche zusammen abmaschen und die letzte Masche verdoppeln. Bis zur 46. Reihe die 33 Maschen beibehalten.

SCHON LANGE TRÄGT DIDI DIE IDEE EINER „HANDTUCHHOSE" SPAZIEREN. DIE VORSTELLUNG EINER GEMÜTLICHEN, WEIT GESCHNITTENEN KURZEN HOSE AUS FROTTEE ERFÜLLT SEINE VORSTELLUNG EINES GEMÜTLICHEN HÜTTENABENDS. VOR EINIGER ZEIT ERHIELT ER VON EINER BEKANNTEN DAS SCHNITTMUSTER SEINES TRAUMBEINKLEIDS. DA ER ABER EIN PROFI AN DER HÄKELNADEL UND NICHT AN DER NÄHNADEL IST, ENTSCHIED ER SICH, DAS GANZE NACH DEM SCHNITTMUSTER ZU HÄKELN.

Hinterteil (2-mal): 30 Luftmaschen anschlagen. 5 Reihen mit 29 festen Maschen für den Hosenbund häkeln. Anschließend 6 Reihen mit 29 halben Stäbchen häkeln. In der 7. Reihe die letzte Masche verdoppeln (= 30 Maschen). Die 8.–15. Reihe mit 30 Maschen häkeln. In der 16.–18., 20., 24.–26. und in der 28. Reihe die letzte Masche verdoppeln (= 38 Maschen). In der 29. Reihe die 1. Masche verdoppeln (= 39 Maschen). In der 30. Reihe die letzte Masche verdoppeln (= 40 Maschen). In der 33. Reihe die 1. und 2. Masche zusammen abmaschen und die letzte Masche verdoppeln. In der 35., 37. und 39. Reihe jeweils die 1. und 2. Masche zusammen abmaschen (= 37 Maschen). In der 41. Reihe die 1. und 2. Masche zusammen abmaschen und die letzte Masche verdoppeln (= 37 Maschen). In der 43. und 45. Reihe jeweils die 1. und 2. Masche zusammen abmaschen (= 35 Maschen). Nach der 46. Reihe ist das Hinterteil beendet.

Gesäßtasche: 7 Luftmaschen in Blau anschlagen. In der 1. Reihe 6 feste Maschen arbeiten. In den folgenden 3 Reihen jeweils die 1. und letzte Masche verdoppeln (= 12 Maschen). Nach 12 Reihen die Farbe wechseln und 5 Reihen feste Maschen in Rot häkeln. Anschließend die Gesäßtasche in Rot mit festen Maschen umhäkeln.

Fertigstellung

Vor dem Zusammennähen der einzelnen Teile an der Außenseite der Vorder- und Hinterteile eine Reihe feste Maschen in Rot häkeln. Nun mit Matratzenstichen die Vorder- und Hnterteile (VT und HT) laut Schnittmuster an den passenden Stellen zusammennähen. Abschließend die Beinöffnungen mit 1 Runde festen Maschen in Rot umhäkeln, die Druckknöpfe in den Hosenladen nähen und das Hosengummi an die Innenseite des Hosenbundes nähen. Die Gesäßtasche mit Rot an die rechte Gesäßseite nähen und fertig ist die obergemütliche, sexy Häkelhose!

> ### Hinweis
> Mit der Jeans als Erstes in die Wanne? Nicht mit Chillexy, die soll ja locker sitzen. Trotzdem solltet ihr beim ersten Waschen vorsichtig sein. Bitte unbedingt separat waschen, da sich der Denim-Look noch verstärkt!

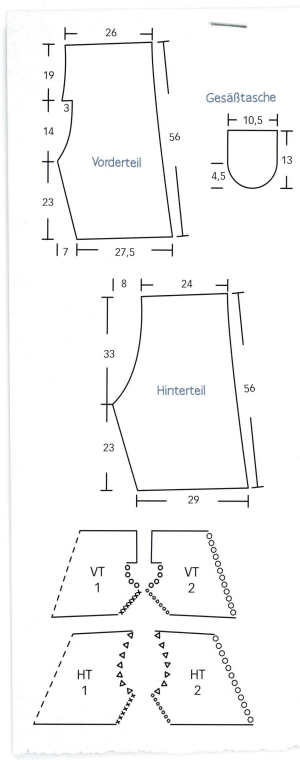

WINTERSTAUDE

Aufwand 🥚🥚
Schwierigkeitsgrad 🥚🥚🥚

Material
- hatnut cool (50 % Schurwolle, 50 % Polyacryl, Lauflänge 65 m/150 g): je 1 Knäuel Pink (280) und Weiß (201) für Schuhgröße 38/39, je 1 Knäuel Weiß (201), Royal (251) und Neonorange (281) für Schuhgröße 44/45
- hatnut XL 55 (50 % Schurwolle, 50 % Polyacryl, Lauflänge 55 m/50 g): ein Rest in passender Farbe zum Zusammennähen
- Knookingnadel Stärke 6
- Ledersohle für Hüttenschuhe, passende Nähnadel

DIE SOCKE MIT SOHLE IST FÜR „GEERDETE" MENSCHEN, DIE NIE DIE BODENHAFTUNG VERLIEREN WOLLEN. MIT ORDENTLICH GRIP AUSGESTATTET KANN SIE ZUM PERSÖNLICHEN LIEBLING WERDEN. URSPRUNG DER SOCKENSOHLE WAREN DIE UNZÄHLIGEN BEINAHE-STÜRZE BEIM SCHNELL-MAL-DIE-HOLZTREPPE-RUNTERRENNEN. WER GRIP WILL, HAT DIE SOCKENSOHLE AN!

SO WIRD'S GEMACHT

Die Maschenzahlen für Schuhgröße 44/45 stehen jeweils in Klammern. 27 (31) Luftmaschen anschlagen, auf die Knookingnadel aufnehmen – dies ergibt 28 (32) Maschen – und mit einer Kettmasche zur Runde schließen. Für das Bündchen 9 Runden Rippenmuster (= 1 linke Masche, 1 rechte Masche im Wechsel) knooken. 1 Runde nur rechte Maschen knooken, dabei 2 Maschen abnehmen = 26 (30) Maschen. Dann für den Schaft 10 (14) Runden glatt rechts knooken. Dabei das gewünschte Farbmuster beachten: zweifarbig alle 3 Runden die Farbe wechseln, dreifarbig alle 2 Runden. Ferse und Käppchen werden einfarbig gearbeitet. Für die Ferse 13 (15) Maschen stilllegen und mit den restlichen 13 (15) Maschen die Ferse arbeiten. In Hinreihen rechte Maschen und in Rückreihen linke Maschen knooken, dabei immer die letzte Masche abheben (Faden vor der Arbeit) und die ersten 2 Maschen zusammenknooken. Wiederholen, bis nur noch 5 (7) Maschen vorhanden sind.

Für das Käppchen weiter in Hin- und Rückreihen arbeiten. Dabei immer die Randmaschen aufnehmen, bis wieder 15 (17) Maschen vorhanden sind. Ab jetzt wieder in Runden im Farbmuster arbeiten und in der 1. Runde die stillgelegten Maschen wieder aufnehmen. Nach 1 Runde mit den Spickelabnahmen beginnen, dafür immer die Maschen am Anfang und am Ende der Ferse mit der Nebenmasche zusammenknooken. Dabei ist die Masche am Anfang und Ende der Ferse dominant, d. h., in die jeweils äußere Masche zuerst einstechen. So 1 Runde Spickelabnahme, 1 Reihe ohne Abnahme und 1 weitere Reihe Spickelabnahme knooken = 24 (28) Maschen. Dann über 14 Runden glatt rechts arbeiten. Für die Spitze wie folgt abnehmen: * 1 Masche knooken, 2 Maschen zusammenkooken, 6/4/2/0 (8/6/4/2/0) Maschen knooken, 2 Maschen verkreuzt zusammenknooken, dabei zuerst in die 2., dann in die 1. Masche stechen, 2 Maschen knooken, 2 Maschen zusammenknooken, 6/4/2/0 (8/6/4/2/0) Maschen arbeiten, 2 Maschen verkreuzt zusammenknooken, 1 Masche knooken.

Ab * diese Abnahme fortlaufend im Wechsel mit 1 Runde ohne Abnahme arbeiten, bis nur noch 8 Maschen übrig sind. Beim 2., 3., 4. Durchlauf der Abnahme jeweils die Maschenzahlen hinter dem Schrägstrich verwenden. Durch die letzten 8 Maschen einen Faden fädeln, zusammenziehen und den Faden auf der linken Seite vernähen. Die zweite Socke ebenso arbeiten, dabei aber die Farben tauschen.

Die fertige Socke mit farblich passender hatnut XL 55 auf die Ledersohle nähen. Dabei mit einer Hand in den Socken fassen und flächig auf die Sohle legen. Mit der anderen Hand annähen. Fertig ist der Socken mit eingebauter Anti-Rutsch-Regelung!

SCHLAPPEN

KAPPEN

Es ist so weit! Wir sind stolz, euch unser neues, viertes Handarbeitsbuch präsentieren zu dürfen.
Wir, das sind Didi, Micha, Tobi, Jules und Sebi. Zusammen sind wir hatnut. Wir beschäftigen uns nun schon seit mehr als fünf Jahren mit Wolle und haben in dieser Zeit eine Unmenge an Mützen, Stirnbändern, Stulpen, Taschen, Pullis und vieles, vieles mehr produziert.
Nachdem wir mit dem Häkeln begonnen und durch das Knooking auch Gefallen am Stricken gefunden haben, wollen wir mit diesem Buch zurück zu unseren Wurzeln kommen. In diesem Teil des Buches haben wir unsere kreativen Ideen an jeglichen Formen und Arten von Kappen ausgelassen. Verdrehte Kappen, Russenkappen, Knopfkappen und viele weitere schöne Kopfbedeckungen haben in unserem Buch ein Zuhause gefunden; kurz gesagt: Kappen, mit denen ihr zu vielen verschiedenen Anlässen und Jahreszeiten euren Kopf bedecken könnt. Manchmal können diese Kappen auch Mittel zum Zweck sein, siehe die Twistermütze ;-) Da wir allerdings wie immer ein paar Ideen mehr hatten, findet ihr an der ein oder anderen Stelle im Buch auch noch ein paar modische Accessoires wie Handschuhe oder Schals, die euch an kalten Tagen passend zur Mütze warm halten werden.
Lasst uns nicht zu viel reden, sondern direkt loslegen. Um es mit Turnvater Jahns Worten zu sagen: „Frisch, fromm, fröhlich, frei ans Werk." Oder mit unseren Worten: „An die Nadel, fertig, los!"

EURE HATNUT-JUNGS

INHALT KAPPEN

Vorwort   S. 1
Kleine Häkel-Schule   S. 4

BIG CITY-LOVE

Twister   S. 12

Stulpen Herzblatt   S. 14

Nastrovje   S. 17

Orecchiette   S. 20

Schal Pfiffikus   S. 22

Master of Chess   S. 24

WINTERACTION

Mütze Oslo — S. 28

Poncho Alfonso — S. 30

4 Fäuste für Rio — S. 33

Funkenregen — S. 36

Emilia Extra — S. 38

AUFWAND
- 🥚 = ganz schnell
- 🥚🥚 = normal
- 🥚🥚🥚 = dauert etwas

SCHWIERIGKEIT
- 🥚 = einfach
- 🥚🥚 = mit Details
- 🥚🥚🥚 = etwas kniffliger

KLEINE HÄKEL-SCHULE

LUFTMASCHEN ANSCHLAG

1

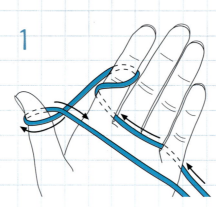

Den Faden wie im Bild gezeigt um die Finger und den Daumen der linken Hand legen.

2

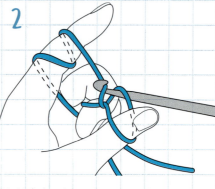

Die Häkelnadel von unten in die Daumenschlinge schieben. Den Faden, der vom Zeigefinger kommt, mit der Häkelnadel erfassen und durch die Daumenschlinge ziehen. Den Daumen aus der Schlinge ziehen.

3

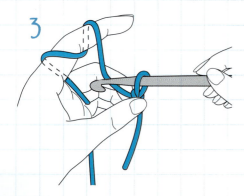

Die erste Schlinge liegt auf der Nadel. Die Schlinge leicht anziehen, damit sie nicht herrunterrutschen kann.

4

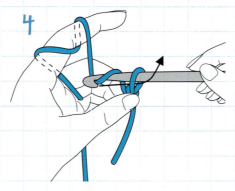

Den Anschlagsknoten mit Daumen und Mittelfinger halten, den Faden, der vom Zeigefinger kommt, von hinten nach vorn über die Nadel legen und den Umschlag durch die Anfangsschlinge ziehen.

5

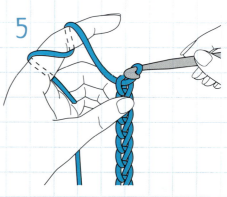

Schritt 4 so oft wiederholen, bis die gewünschte Luftmaschenzahl bzw. die gewünschte Länge der Luftmaschenkette erreicht ist.

FESTE MASCHE

1
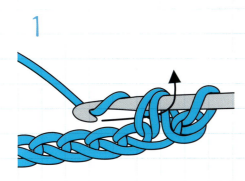

In die vorgesehene Masche einstechen und den Faden von hinten nach vorn um die Nadel legen.

2
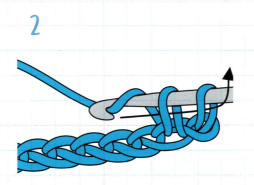

Den Umschlag durchziehen. Den Faden erneut um die Nadel legen und durch beide Schlingen ziehen.

3
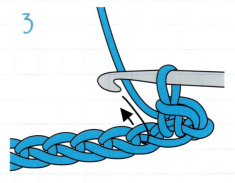

Die 1. feste Masche ist fertig. Schritt 1 und 2 so oft wie benötigt wiederholen.

HALBES STÄBCHEN

1
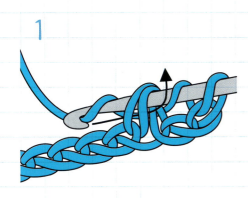

1 Umschlag um die Nadel legen und in die vorgesehene Masche einstechen. Den Faden nochmals um die Nadel legen und diesen Umschlag durch die Masche ziehen.

2
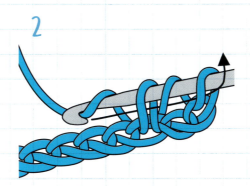

Es liegen nun 3 Schlingen auf der Nadel. Den Faden wieder um die Nadel legen und den Umschlag durch alle Schlingen ziehen.

3
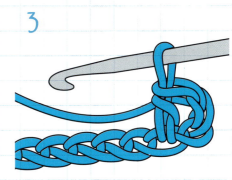

Das 1. halbe Stäbchen ist fertig. Die Schritte 1 und 2 so oft wie benötigt wiederholen.

STÄBCHEN

1
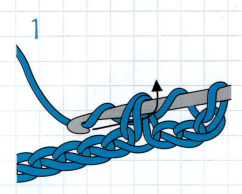
1 Umschlag um die Nadel legen und in die vorgesehene Masche einstechen. Den Faden nochmals um die Nadel legen und durch die Masche ziehen.

2
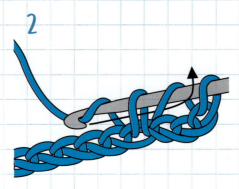
Es liegen nun 3 Schlingen auf der Nadel. Den Faden wieder um die Nadel legen und diesen Umschlag durch 2 der 3 Schlingen ziehen.

3
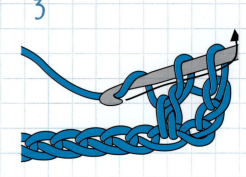
Es liegen nun 2 Schlingen auf der Nadel. Den Faden wieder um die Nadel legen. Diesen Umschlag durch beide Schlingen ziehen.

4
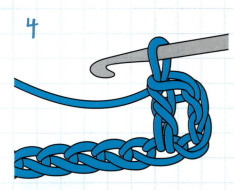
Das 1. Stäbchen ist fertig. So oft wie benötigt wiederholen.

KETTMASCHE

1
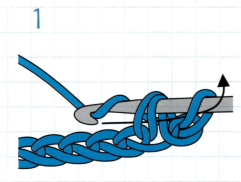
In die vorgesehene Masche einstechen, den Faden um die Nadel legen und diesen Umschlag durch alle Schlingen auf der Nadel ziehen.

2
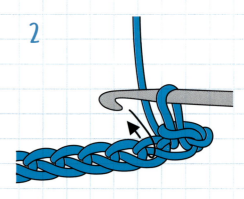
Diesen Vorgang so oft wie benötigt wiederholen.

6

RELIEFSTÄBCHEN VON HINTEN

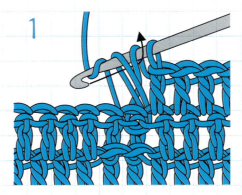
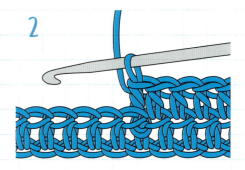

1 1 Umschlag bilden, von hinten nach vorn um das Stäbchen der Vorreihe stechen und 1 neuen Umschlag durchziehen.

2 Noch 2-mal je 1 Umschlag durch je 2 Schlingen ziehen. Das 1. Reliefstäbchen von hinten ist fertig. So oft wie benötigt wiederholen.

RELIEFSTÄBCHEN VON VORN

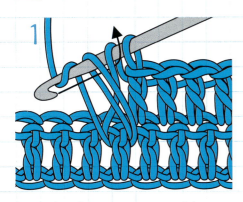
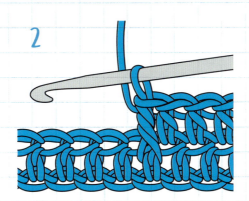

1 1 Umschlag bilden, von vorn nach hinten um das Stäbchen der Vorreihe stechen und 1 neuen Umschlag durchziehen.

2 Noch 2-mal je 1 Umschlag durch je 2 Schlingen ziehen. Das 1. Reliefstäbchen von vorn ist fertig. So oft wie benötigt wiederholen.

NOPPE

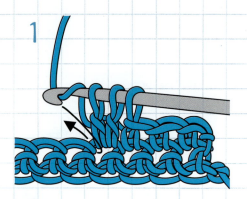
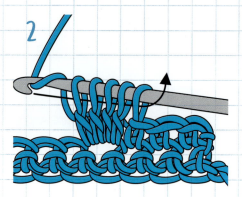
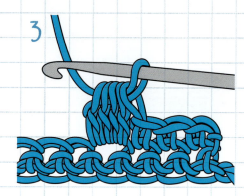

1 1 Stäbchen häkeln, aber nur bis zu dem Punkt, an dem noch 2 Schlingen auf der Nadel liegen. Diese jetzt nicht wie gewohnt abmaschen, sondern 1 weiteres nicht vollständig abgemaschtes Stäbchen in dieselbe Masche häkeln.

2 Noch 2-mal wiederholen, sodass jetzt 5 Schlingen auf der Nadel liegen und 4 nicht vollständig abgemaschte Stäbchen in 1 Masche gearbeitet wurden. Nun 1 Umschlag auf die Nadel legen …

3 … und durch alle 5 Schlingen auf der Nadel ziehen, also alle 4 Stäbchen zusammen abmaschen. Eine Noppe kann auch mit nur 3 Stäbchen oder mit noch mehr Stäbchen gehäkelt werden.

2 FESTE MASCHEN ZUSAMMEN ABMASCHEN

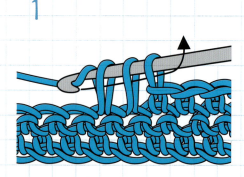
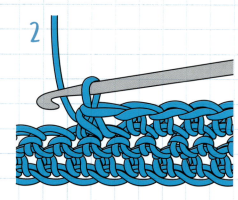

1 In die vorgesehene Masche einstechen, Faden holen und durchziehen. Es liegen 2 Schlingen auf der Nadel. Diese jedoch nicht wie gewohnt abmaschen, sondern in die folgende Masche einstechen, Faden holen und durchziehen. Es liegen nun 3 Schlingen auf der Nadel.

2 Den Faden nochmals holen und durch alle 3 Schlingen ziehen.

2 HALBE STÄBCHEN ZUSAMMEN ABMASCHEN

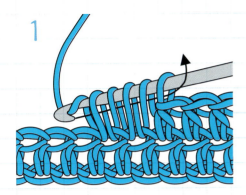

1 Umschlag um die Nadel legen, in die vorgesehene Masche einstechen. Faden holen und durchziehen. Dann jedoch nicht abmaschen, sondern wieder 1 Umschlag bilden und gleich in die folgende Masche einstechen. Den Faden um die Nadel legen und durch alle auf der Nadel befindlichen Schlingen ziehen.

FÄDEN VERNÄHEN

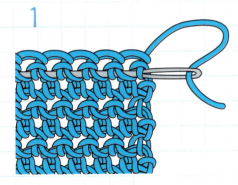

Das Fadenenende in eine stumpfe Wollnadel einfädeln und in die Maschen einziehen. Dabei möglichst nicht durch das Garn stechen.

Aufwand 🧶🧶
Schwierigkeitsgrad 🧶

Material
- hatnut surf (50 % Baumwolle, 50 % Polyacryl, Lauflänge 65 m/50 g): je 2 Knäuel Azurblau (453) und Weiß (401)
- Häkelnadel Stärke 5

TWISTER

So wird's gemacht

Diese Mütze wird mit halben Stäbchen in Reihen gehäkelt. Ihr besonderes Muster erhält sie durch Zu- und Abnahmen an den Reihenenden.
Mit Azurblau 43 Luftmaschen anschlagen. Die Arbeit wenden und für die 1. Hinreihe in die 2. Luftmasche von der Nadel aus 1 halbes Stäbchen und dann in jede Luftmasche 1 halbes Stäbchen häkeln. Ab jetzt jede Reihe mit 1 Wendeluftmasche beginnen, um die nötige Höhe für die halben Stäbchen zu erhalten. In der 1. Rückreihe 2 halbe Stäbchen in die 1. Masche arbeiten (= eine Zunahme), die nächsten 39 Maschen mit halben Stäbchen häkeln und die letzten 2 Maschen der Reihe zusammen abmaschen (= eine Abnahme). Farbe wechseln und in Weiß die nächste Hin- und Rückreihe häkeln. In der Hinreihe die ersten 2 Maschen zusammen abmaschen und in die letzte Masche der Reihe eine Zunahme arbeiten. Die Rückreihe beginnt mit einer Zunahme und endet mit einer Abnahme (= die letzten 2 Maschen zusammen abmaschen). In die restlichen Maschen je 1 halbes Stäbchen häkeln.
Nach diesem Schema fortlaufend Hin- und Rückreihe arbeiten. Die Farbe stets nach der Rückreihe wechseln. Für einen Kopfumfang von ca. 60 cm insgesamt 22 Hin- und Rückreihen arbeiten. Für andere Größen entsprechend die Anzahl an Hin- und Rückreihen verringern oder vergrößern.

Fertigstellung
Den Anschlag und die letzte gehäkelte Reihe zusammennähen, so entsteht ein Schlauch mit schrägen Streifen. Zum Schluss einen Wollfaden auf einer Seite des Schlauchs (idealerweise auf der Seite des Farbwechsels) durch die Maschen fädeln und zusammenziehen. Eine Schlauchöffnung schließt sich und die Farbstreifen verdrehen sich noch weiter. Fäden vernähen und fertig ist die Twister!

JEMANDEM DEN KOPF ZU VERDREHEN, KANN GANZ SCHÖN VIEL ARBEIT SEIN! KOMPLIMENTE, AUFMERKSAMKEITEN UND UNZÄHLIGE STUNDEN IM FITNESSSTUDIO SIND NUR DER ANFANG … WER ES LEICHTER HABEN MÖCHTE, HÄKELT SEINER/SEINEM ANGEBETETEN EINE TWISTERMÜTZE. SO IST DER KOPF GANZ SCHNELL VERDREHT. DIDI HAT DAMIT GROSSEN ERFOLG GEHABT!

STULPEN HERZBLATT

Aufwand
Schwierigkeitsgrad

Material
- hatnut XL 55 (50 % Schurwolle, 50 % Polyacryl, Lauflänge 55 m/50 g): Für die Armstulpen 2 Knäuel Weiß (01), 1 Knäuel Lila (48), 1 Knäuel Limone (74), für die Beinstulpen 4 Knäuel Weiß (01), 2 Knäuel Lila (48), 2 Knäuel Limone (74)
- Häkelnadel Stärke 6
- Knookingnadel Stärke 6

SO WIRD'S GEMACHT

Bei den Stulpen werden die Bündchen geknookt, um so eine bessere Flexibilität zu erhalten, das farbige Herzmuster ist gehäkelt.

Herzmuster: Die Maschenzahl muss durch 5 teilbar sein. Es wird immer im Wechsel 1 Farbrunde (in Lila oder in Limone) und 1 weiße Runde gearbeitet.

1. Runde: In Lila 3 Luftmaschen häkeln, um die nötige Höhe zu erreichen. 1 Stäbchen und 2 Luftmaschen arbeiten, * 4 Maschen überspringen, [2 Stäbchen, 1 Luftmasche, 2 Stäbchen] in die nächste Masche, 2 Luftmaschen. Ab * stets wiederholen bis Rundenende, enden mit 2 Stäbchen in die gleiche Masche wie das 1. Stäbchen, 1 Luftmasche. Die Runde mit einer Kettmasche in die 3. Anfangsluftmasche schließen. Farbe wechseln.

2. Runde: In Weiß 1 feste Masche um die letzte Luftmasche der Vorrunde arbeiten, 1 Luftmasche häkeln, * 1 Stäbchen in die 2 mittleren Maschen der 4 übersprungenen Maschen der Vorrunde, 1 Luftmasche, 1 feste Masche um die Luftmasche zwischen den 4 Stäbchen der Vorrunde häkeln, 1 Luftmasche. Ab * stets wiederholen bis Rundenende, enden mit 2 Stäbchen in die Mitte der letzten 4 übersprungenen Maschen, 1 Luftmasche häkeln. Die Runde mit einer Kettmasche in die 1. feste Masche schließen. Farbe wechseln.

3. Runde: In Limone 3 Luftmaschen für die Höhe häkeln, 1 Stäbchen und 2 Luftmaschen in die Basis der Anfangsluftmaschen arbeiten. * [2 Stäbchen, 1 Luftmasche, 2 Stäbchen] in die nächste feste Masche der Vorrunde, dabei unterhalb der beiden Schenkel des sichtbaren V einstechen, 2 Luftmaschen. Ab * stets wiederholen bis Rundenende. Am Rundenende 2 Stäbchen in die gleiche Masche wie das 1. Stäbchen, 1 Luftmasche. Die Runde mit einer Kettmasche in die 3. Steigeluftmasche schließen. Farbe wechseln.

In Weiß wie für die 2. Runde beschrieben weiterarbeiten, dabei die Stäbchen in die Stäbchen der Vorrunde arbeiten.

Die 1.–3. Runde stets wiederholen.

KLARE KALTE LUFT. KEINE WOLKE AM HIMMEL. EIN WINTERSPAZIERGANG. ALLES SUPER, ABER DANACH MUSS MANN ERSTMAL HÄNDE UND FÜSSE SEINER LIEBSTEN AUFTAUEN. WÄRE JA KEIN PROBLEM, ABER DIE LIEBSTE TAUT DIESE SEHR GERNE AM WARMEN BAUCH DES PARTNERS AUF. UM DEM VORZUBEUGEN, HABEN WIR DIESE STULPEN ENTWORFEN. WIR HOFFEN, DAMIT ALLEN MÄNNERN EINEN GROSSEN GEFALLEN GETAN ZU HABEN. UND DIE FRAUEN HABEN EIN ACCESSOIRE MEHR. AUCH NICHT SCHLECHT.

Armstulpen

Mit der Knookingnadel eine Luftmaschenkette mit 32 Maschen in Weiß anschlagen und mit einer Kettmasche zur Runde schließen. Für das Bündchen muss die Maschenzahl durch 4 teilbar sein. Die 32 Maschen auf die Nadel aufnehmen und im Rippenmuster (= 2 rechte und 2 linke Maschen im Wechsel) knooken. Insgesamt 10 Runden (= ca. 6 cm) in diesem Muster knooken. In der 11. Runde die Maschen abketten. Dann den Abkettrand mit 1 Runde festen Maschen behäkeln, dabei 2 Maschen abnehmen, damit eine Gesamtmaschenzahl von 30 übrig bleibt (für das Herzmuster muss die Maschenzahl durch 5 teilbar sein). Nun 6 Runden im Herzmuster wie angegeben arbeiten. Am Beginn des weißen Teils der 6. Runde (über den limonefarbigen Herzchen) nach dem ersten halben Herzchen die folgenden 2 Stäbchen verdoppeln. In der 7. Herzmusterrunde im lilafarbenen Teil nach dem ersten halben Herz statt 2 Luftmaschen dieses Mal 4 Luftmaschen arbeiten (diese ergeben den oberen Rand der Daumenöffnung). In dem folgenden weißen Teil, die gerade gearbeiteten Luftmaschen mit festen Maschen umhäkeln, den Rest der Runde in gewohnter Weise weiterhäkeln. Das Daumenloch einmal mit Stäbchen umhäkeln, hierbei seitlich in den Rand der Herzen einstechen. Zuletzt die Daumenöffnung mit 1 Runde festen Maschen umhäkeln, dabei gleichmäßig verteilt 4 Maschen abnehmen. An der Handöffnung noch 1 Runde Stäbchen häkeln. Zum Abschluss 1 Runde feste Maschen häkeln, dabei gleichmäßig verteilt 3 Maschen abnehmen. Fertig ist eine Armstulpe, die zweite ebenso arbeiten.

Beinstulpen

Mit der Knookingnadel eine Luftmaschenkette mit 40 Maschen in Weiß anschlagen und mit einer Kettmasche zur Runde schließen. Für das Bündchen muss die Maschenzahl durch 4 teilbar sein. Die 40 Maschen auf die Nadel aufnehmen und im Rippenmuster (= 2 rechte und 2 linke Maschen im Wechsel) knooken. Insgesamt 12 Runden (= ca. 7 cm) in diesem Muster knooken. In der 13. Runde die Maschen abketten. Dann den Abkettrand mit 1 Runde festen Maschen behäkeln. Nun 12 Runden im Herzmuster wie angegeben arbeiten; wichtig ist, dass die Maschenzahl durch 5 teilbar ist. Anschließend mit der Knookingnadel wieder die 40 Maschen in Weiß aufnehmen und erneut 12 Runden im Rippenmuster knooken. Die Arbeit locker abketten. Fertig ist eine Beinstulpe, die zweite ebenso arbeiten.

Aufwand
Schwierigkeitsgrad

Material
- hatnut denim (35 % Baumwolle, 30 % Schurwolle, 35 % Polyacryl, Lauflänge 75 m/50 g): 2 Knäuel Blau (55) bzw. Grau (90), je 1 Knäuel Rot (30) und Braun (12) bzw. Blau (55)
- 2 Knöpfe nach Wahl
- Häkelnadel Stärke 5

NASTROVJE

SO WIRD'S GEMACHT

Die hier angegebenen Maschenzahlen gelten für eine Mütze von ca. 60 cm Kopfumfang. Für kleinere Köpfe muss die Maschenzahl (auch von Ohrenklappen und Stirnlappen) reduziert werden. Die Mütze wird von oben begonnen.

Für das Mützenteil 3 Luftmaschen in Blau/Grau anschlagen und 10 Stäbchen in die 1. Luftmasche häkeln. Die Runde mit einer Kettmasche in das 1. Stäbchen beenden. Ab jetzt jede Runde mit 2 Luftmaschen beginnen, um die nötige Höhe zu bekommen, und mit einer Kettmasche in das 1. Stäbchen schließen.

2. Runde: Jedes Stäbchen verdoppeln, dazu 2 Stäbchen in jedes Stäbchen der Vorrunde häkeln (= 20 Maschen).

3. Runde: Jedes 2. Stäbchen verdoppeln (= 30 Maschen).

4.–7. Runde: Je Runde 10 Maschen zunehmen, also die 3./4./5./6. Masche verdoppeln (7. Runde = 70 Maschen). Noch 4 Runden (8.–11. Runde) mit je 70 Stäbchen häkeln. Das letzte Stäbchen der 11. Runde mit Rot abmaschen und auch die Kettmasche in der neuen Farbe häkeln, so entsteht ein sauberer Farbübergang. Mit Rot weitere 3 Reihen mit je 70 Stäbchen häkeln. Damit ist das Mützenteil geschafft!

Die erste Ohrenklappe beginnt vom Rundenende der Mütze aus gezählt in der 13. Masche. Dazu mit der Nadel von außen in die Masche stechen und den Faden von innen nach außen ziehen. 2 Luftmaschen in die so entstandene Schlaufe häkeln. Dann 8 Stäbchen in die folgenden 8 Maschen häkeln, dabei das 1. Stäbchen in die Basis der 2 Anfangsluftmaschen arbeiten. Nach dem 8. Stäbchen 2 Luftmaschen häkeln, um die nötige Höhe zu erhalten. In den folgenden 4 Reihen immer 2 Anfangsluftmaschen häkeln und

WÄHREND DES STUDIUMS TRUG SEBI LANGE ZEIT EINEN GÜRTEL, DEN SEINE MUTTER NACH DEM ENDE DER DDR IN OSTBERLIN GEKAUFT HATTE. VOR EINIGEN MONATEN FAND ER IHN BEIM AUSMISTEN IN SEINEM KLEIDERSCHRANK. DA KEIMTE DIE IDEE ZU DIESER MÜTZE, DIE AN EINE RUSSISCHE FELLMÜTZE ERINNERT.

immer die 2 äußeren Maschen zusammen abmaschen (4. Reihe = 1 Stäbchen). Damit die Mütze möglichst rund in die Ohrenklappe übergeht, in die 3. Masche vor der Ohrenklappe von außen nach innen einstechen und den Faden von innen nach außen ziehen. 1 feste Masche in die gleiche Masche, 1 halbes Stäbchen in die folgende Masche und 1 Stäbchen in die 3. Masche häkeln. Abschließend diese 3 Maschen mit der Ohrenklappe durch eine Kettmasche verbinden. Ebenso auf der anderen Seite der Ohrenklappe arbeiten. Die zweite Ohrenklappe vom Rundenende der Mütze aus gezählt in der 13. Masche auf der anderen Seite beginnen und wie beschrieben verfahren. Für den Stirnlappen die 24 freien Maschen auf der Stirnseite der Mütze mit 4 Reihen Stäbchen behäkeln. Die Reihen immer mit 2 Luftmaschen beginnen. In der 5. Reihe für eine leichte Rundung die erste und letzte Masche als halbes Stäbchen arbeiten.

Fertigstellung

Die Mütze mit 1 Reihe festen Maschen in Braun/Blau umhäkeln. 12 etwa 30 cm lange Fäden in Braun/Blau zuschneiden und je 6 in die Spitzen der Ohrenklappen einknüpfen. Aus drei Bündeln von je 4 Fäden einen Zopf flechten und mit einem Knoten abschließen. Den Stirnlappen mit zwei Knöpfen an der Mütze festnähen. Die Fäden vernähen – fertig ist die Russenmütze!

Hinweis

hatnut denim heißt nicht umsonst so! Der Denim-Look verstärkt sich bei der ersten Wäsche. Deshalb bitte unbedingt separat oder am besten von Hand waschen.

Aufwand
Schwierigkeitsgrad

Material
- hatnut XL 55 (50 % Schurwolle, 50 % Polyacryl, Lauflänge 55 m/50 g): 2 Knäuel Wollweiß (02) bzw. 2 Knäuel Rot (30) und je 1 Knäuel Lagune (63) und Weiß (01)
- Häkelnadel Stärke 6

ORECCHIETTE

So wird's gemacht

Die Mütze wird in Reihen gehäkelt und anschließend zusammengenäht und mit einem Faden zusammengezogen. Für eine Mütze von 58 cm Kopfumfang 72 lockere Luftmaschen häkeln. Für andere Größen muss die Maschenzahl durch 5 + 2 teilbar sein.
1. Reihe: 1 feste Masche in die 2. Luftmasche von der Nadel aus häkeln. Danach 3 Luftmaschen und 1 Büschelmasche aus 4 Stäbchen häkeln, dazu je 1 Stäbchen in die 4 folgenden Luftmaschen arbeiten, jedes Stäbchen nur bis zu den letzten 2 Schlingen auf der Nadel häkeln, zuletzt alle auf der Nadel liegenden Schlingen zusammen abmaschen. Weiter 1 Luftmasche häkeln und 1 feste Masche in die darauffolgende Luftmasche. Ab jetzt wie folgt arbeiten: 3 Luftmaschen, 1 Büschelmasche, 1 Luftmasche, 1 feste Masche in die nächste Luftmasche, bis Reihenende wiederholen.
2. Reihe: Mit 5 Luftmaschen beginnen, danach 1 feste Masche in die Büschelmasche. Ab jetzt wie folgt arbeiten: 3 Luftmaschen, 1 Büschelmasche um den Bogen aus 3 Luftmaschen der Vorreihe, 1 Luftmasche, 1 feste Masche in die folgende Büschelmasche der Vorreihe häkeln, bis Reihenende wiederholen. Die Reihe mit 3 Luftmaschen, 1 Büschelmasche um den letzten Luftmaschenbogen und 1 Stäbchen in die letzte feste Masche der Vorreihe beenden. Keine Wendeluftmasche häkeln, die Arbeit wenden.
3. Reihe: Mit 1 Luftmasche beginnen, 1 Masche (das Stäbchen der Vorreihe) übergehen und 1 feste Masche in die folgende Büschelmasche häkeln. Ab jetzt wie folgt arbeiten: 3 Luftmaschen, 1 Büschelmasche in den Luftmaschenbogen der Vorreihe, 1 Luftmasche, 1 feste Masche in die folgende Büschelmasche der Vorreihe häkel n, bis Reihenende wiederholen. Die Reihe mit 1 festen Masche um die 5 Anfangsluftmaschen der Vorreihe beenden.
Die 2. und 3. Reihe fortlaufend wiederholen, bis insgesamt 15 Reihen gehäkelt sind. In der letzten Reihe (= 16. Reihe) 2 statt 3 Luftmaschen als Bogen und die Büschelmaschen jeweils aus nur 3 Stäbchen häkeln, so entsteht eine leichte Abnahme.
Die Mützennaht schließen. Einen Faden durch die Löcher zwischen Luftmaschen und Büschelmaschen fädeln und zusammenziehen. Fäden vernähen. Fertig ist Tobis neue Lieblingsmütze!
Für die dreifarbige Variante in jeder Reihe die Farbe wechseln, die Farbfolge ist Rot, Lagune, Weiß.

Das schicke Ding hat seine Wurzeln in der kreativen Zeit am Meer. Zwischen dem Rauschen des Wassers und den Dünen wurde Tobi von Muscheln inspiriert. Wie sie durch das Wasser zusammengetragen einen Teppich formten, bildete sich vor Tobis innerem Auge die Idee dieser Mütze.

SCHAL PFIFFIKUS

Aufwand 🔔
Schwierigkeitsgrad 🔔🔔

Material

Variante 1:
- hatnut rap (56 % Polyacryl, 25 % Wolle, 16 % Polyester, 3 % Polyamid, Lauflänge 50 m/50 g): 3 Knäuel Weiß-Schwarz (303) und hatnut XL 55 (50 % Schurwolle, 50 % Polyacryl, Lauflänge 55 m/50 g): 1 Knäuel Weiß (01)

Variante 2:
- hatnut rap (56 % Polyacryl, 25 % Wolle, 16 % Polyester, 3 % Polyamid, Lauflänge 50 m/50 g): 3 Knäuel Natur-Schwarz (302) und 1 Knäuel Türkis-Schwarz (306)
- Häkelnadel Stärke 6

TOBI HAT ES GERN WARM UM DEN HALS. DIE NEUE HATNUT RAP WAR FÜR IHN DIE PERFEKTE WAHL FÜR EINEN SCHAL. DA TOBI GERN MODISCHES MIT NÜTZLICHEM VERBINDET, WAR ES WICHTIG, DASS MAN DEN SCHAL, OHNE IHN DOPPELT LEGEN ZU MÜSSEN, UM DEN HALS FIXIEREN KANN. DAS ERGEBNIS: EIN SCHAL FÜR DEN MODEBEWUSSTEN JUNGEN MANN ;-)

SO WIRD'S GEMACHT

4 Luftmaschen mit hatnut Weiß-Schwarz/Natur-Schwarz anschlagen und je 2 Stäbchen in die 3. und 4. Luftmasche von der Nadel aus häkeln. Ab jetzt jede Reihe mit 2 Luftmaschen beginnen. Nun in jede Masche der Vorreihe 1 Stäbchen häkeln, die letzte Masche verdoppeln (= 2 Stäbchen in 1 Masche arbeiten). Somit in jeder Reihe 1 Masche zunehmen. Fortlaufend wiederholen, bis 13 Stäbchen vorhanden sind (= 10. Reihe). Nun mit dem Muster beginnen. Das Muster besteht aus Noppen. Für 1 Noppe 3 Stäbchen in die gleiche Masche häkeln und je Stäbchen nur die ersten 2 Schlingen abmaschen, dann den Faden durch alle Schlingen ziehen.

11. Reihe: Je 1 Stäbchen in die nächsten 4 Stäbchen, 1 Noppe in das nächste Stäbchen, 1 Stäbchen der Vorreihe mit 1 Luftmasche überspringen, 1 Noppe in das nächste Stäbchen, 1 Stäbchen der Vorreihe mit 1 Luftmasche überspringen, 1 Noppe in das nächste Stäbchen, je 1 Stäbchen in die nächsten 4 Stäbchen.

12. Reihe: Je 1 Stäbchen in die nächsten 4 Stäbchen, 1 Noppe der Vorreihe mit 1 Luftmasche überspringen, 1 Noppe um die Luftmasche der Vorreihe, 1 Noppe der Vorreihe mit 1 Luftmasche überspringen, 1 Noppe um die Luftmasche der Vorreihe, 1 Noppe der Vorreihe mit 1 Luftmasche überspringen, je 1 Stäbchen in die nächsten 4 Stäbchen.

Die 11. und 12. Reihe fortlaufend wiederholen, bis der Schal eine Länge von 110 cm erreicht hat. Jetzt mit der Abnahme beginnen. Dazu nur noch Stäbchen häkeln und in jeder Reihe die letzten 2 Maschen zusammen abmaschen. Abschließend den Schal mit 1 Reihe festen Maschen mit hatnut XL Weiß/hatnut rap Türkis-Schwarz umhäkeln.

Für die pfiffige Schlaufe 12 Luftmaschen häkeln. 1 Stäbchen in jede Luftmasche häkeln, dabei in der 3. Luftmasche von der Nadel aus beginnen. Auf diese Weise 7 Reihen Stäbchen häkeln. Das Stück mit hatnut XL 55 Weiß/hatnut rap Türkis-Schwarz mit 1 Runde festen Maschen umhäkeln, dabei in den Ecken 3 feste Maschen in eine Einstichstelle arbeiten. Die Schlaufe an den beiden Schalseiten parallel zur Häkelrichtung des Schals annähen. Fertig ist der Pfiffikus!

Aufwand
Schwierigkeitsgrad

Material
- hatnut denim (35 % Baumwolle, 30 % Schurwolle, 35 % Polyacryl, Lauflänge 75 m/50 g): je 1 Knäuel in Anthrazit (98), Hellblau (67) und Rot (30) bzw. in Grau (90), Hellblau (67) und Blau (55)
- Häkelnadel Stärke 6

MASTER OF CHESS

SO WIRD'S GEMACHT

Für einen Kopfumfang von ca. 60 cm 72 Luftmaschen in Anthrazit/Grau häkeln und mit einer Kettmasche in Hellblau zur Runde schließen. Für andere Kopfumfänge ist es entscheidend, dass die Maschenzahl durch 8 teilbar ist. Die nächsten 6 Runden jeweils mit 2 Luftmaschen beginnen, um die nötige Höhe zu erhalten.

1. Runde: 3 Stäbchen in Hellblau, dann immer abwechselnd 4 Stäbchen in Rot/Blau und Hellblau häkeln. Der Faden der anderen Farbe kann locker hinter der Arbeit mitgeführt werden. Die Runde mit einer Kettmasche in Hellblau in das 1. Stäbchen schließen.

2. Runde: 3 Reliefstäbchen von vorn eingestochen in Hellblau häkeln, dann immer abwechselnd 4 Reliefstäbchen von hinten in Rot/Blau und 4 Reliefstäbchen von vorn in Hellblau häkeln. Die Runde mit einer Kettmasche in das 1. Stäbchen schließen, dabei die Kettmasche schon in Rot/Blau arbeiten.

3. und 4. Runde: 3 Reliefstäbchen von hinten eingestochen in Rot/Blau häkeln, dann immer abwechselnd 4 Reliefstäbchen von vorn in Hellblau und 4 Reliefstäbchen von hinten in Rot/Blau häkeln. Die Runde mit einer Kettmasche in das 1. Stäbchen schließen, dabei die Kettmasche in Runde 3 in Rot/Blau, in Runde 4 in Hellblau arbeiten.

5. und 6. Runde: Wie die 2. Runde häkeln.

Als Abschluss 1 Reihe feste Maschen in Anthrazit/Grau häkeln.
Fäden vernähen – und fertig ist das Master-of-Chess-Stirnband.

> **Hinweis**
> Die hatnut denim verhält sich wie eine gute neue Jeans. Beim ersten Mal Waschen verstärkt sich der Denim-Look. Deshalb bitte unbedingt separat oder am besten von Hand waschen.

MANCHMAL, SAGT JULES, WACHT ER MORGENS AUF UND SEINE GEDANKEN FLIEGEN UNSORTIERT IN SEINEM KOPF HERUM – DAS SIND DIE TAGE, AN DENEN ER AUTOMATISCH NACH DEM STIRNBAND MIT RELIEFMUSTER GREIFT. DAS GLEICHMÄSSIGE, WECHSELFARBIGE SPIEL DER MASCHEN ERINNERT AN DIE STRUKTURIERTHEIT EINES SCHACHBRETTS – SOBALD JULES DAS STIRNBAND AUFSETZT, HAT ER DIESE KLARHEIT AUCH IM KOPF.

MÜTZE OSLO

Aufwand
Schwierigkeitsgrad

Material
- hatnut XL 55 (50 % Schurwolle, 50 % Polyacryl, Lauflänge 55 m/50 g): 2 Knäuel Anthrazit (98) und 1 Knäuel Wollweiß (02) bzw. 2 Knäuel Rot (30) und 1 Knäuel Neongelb (82)
- Knookingnadel Stärke 6
- Norwegerfingerhut

LETZTEN SOMMER GING ES FÜR MICHA NACH NORWEGEN IN DEN HONEYMOON. DA ES DORT AUCH IM SOMMER FRISCH WERDEN KANN, WAREN WOLLE UND NADEL IM GEPÄCK. INSPIRIERT VON DEN ALLGEGENWÄRTIGEN PULLIS, STARTETE ER RASCH DIE ERSTEN VERSUCHE. WEIL SICH MICHA ABER DEN GRÖSSTEN TEIL DES URLAUBS DER LIEBE SEINES LEBENS WIDMEN WOLLTE, ENTSCHIED ER SICH FÜR EIN EINFACHES MUSTER.

SO WIRD'S GEMACHT

Für einen Kopfumfang von ca. 60 cm 66 Luftmaschen in Anthrazit/Rot anschlagen und mit einer Kettmasche zur Runde schließen. Für andere Größen muss die Maschenzahl durch 6 teilbar sein. 66 Maschen auf die Knookingnadel aufnehmen. 6 Runden im Rippenmuster (= 2 linke Maschen und 2 rechte Maschen im Wechsel) knooken. Ab jetzt **in allen Runden glatt rechts** (= nur rechte Maschen) knooken. Die 7. Runde nur in Anthrazit/Rot arbeiten. In der 8. Runde beginnt das Norwegermuster. Hier kann der Norwegerfingerhut gute Dienste leisten, da damit mehrere Fäden gleichzeitig gehalten werden können. Die 8.–30. Runde nach Zählmuster 1 knooken. Dabei den nicht verwendeten Faden hinter der Arbeit locker mitführen. Die mit einem Kreuz gekennzeichneten Maschen in Wollweiß/Neongelb knooken. Den Mustersatz von 6 Maschen pro Runde 11-mal wiederholen. Nach der 15. Runde das Zählmuster entsprechend fortsetzen, bis insgesamt 30 Runden geknookt sind.

Dann wie folgt mit den Abnahmen beginnen, dabei die 31. und 32. Runde vollständig in Anthrazit/Rot knooken: In der 31. Runde 6 Maschen abnehmen, dazu jede 10. und 11. Masche zusammenknooken (= 60 Maschen). In der 32. Runde 10 Maschen abnehmen, dazu jede 5. und 6. Masche zusammenknooken (= 50 Maschen). Die 33.–35. Runde nach Zählmuster 2 knooken. Die mit einem Kreuz gekennzeichneten Maschen in Wollweiß/Neongelb knooken. Den Mustersatz von 10 Maschen pro Runde 5-mal wiederholen.

Die 36. und 37. Runde in Anthrazit/Rot knooken, dabei jeweils 10 Maschen abnehmen (= 30 Maschen). Die 38.–40. wie die 8.–10. Runde nach Zählmuster 1 arbeiten, dabei den Mustersatz von 6 Maschen 5-mal pro Runde wiederholen. Die 41. Runde in Anthrazit/Rot knooken, dabei 10 Maschen abnehmen (= 20 Maschen). Die 42. Runde in Anthrazit/Rot ohne Abnahmen arbeiten. Durch die 20 Maschen einen Faden ziehen und verknoten. Fäden vernähen – fertig ist die Norwegermütze!

Zählmuster 1

6	5	4	3	2	1	
						Runde 15
	X					Runde 14
X	X	X				Runde 13
	X					Runde 12
						Runde 11
			X			Runde 10
		X	X	X		Runde 9
			X			Runde 8

Zählmuster 2

10	9	8	7	6	5	4	3	2	1	
			X			X				Runde 35
	X	X	X		X	X	X			Runde 34
			X			X				Runde 33

28

PONCHO ALFONSO

Aufwand
Schwierigkeitsgrad

Material

Für den bunten Poncho:
- hatnut XL 55 (50 % Schurwolle, 50 % Polyacryl, Lauflänge 55 m/50 g): 9 Knäuel Wollweiß (02) (davon 5 für den Loopkragen), je 2 Knäuel Paprika (26), Rosa (35), Fresie (37), Lagune (63), Gelb (22) und Farn (72)
- Knookingnadel Stärke 6

Für den dunklen Poncho:
- hatnut rap (56 % Polyacryl, 25 % Wolle, 16 % Polyester, 3 % Polyamid, Lauflänge 50 m/50 g): 4 Knäuel Natur-Schwarz (302) und 6 Knäuel Weiß-Schwarz (303)
- Knookingnadel Stärke 6

SO WIRD'S GEMACHT

Loopkragen und Fransen sind zwei Möglichkeiten den Poncho Alfonso zu erweitern, deshalb werden Poncho, Kragen und Fransen im Folgenden einzeln erklärt.

Poncho: 88 Luftmaschen in Wollweiß anschlagen und mit einer Kettmasche zur Runde schließen. Mit 2 Luftmaschen beginnen, um die nötige Höhe zu erreichen, Stäbchen häkeln bis zum Rundenende und mit einer Kettmasche in die 2. Anfangsluftmasche schließen. Dann wie folgt im Muster häkeln:

1. Musterrunde: in Wollweiß. 3 Luftmaschen, 3 Stäbchen in die 4. Masche der Vorrunde häkeln. Dann 3 Maschen der Vorrunde mit 1 Luftmasche überspringen und 3 Stäbchen in die nächste Masche der Vorrunde häkeln (= jeweils 3 Stäbchen in die 8., 12., 16. Masche usw.). Nur in die 24. und 68. Masche der Vorrunde jeweils ein Bündel aus 3 Stäbchen, 1 Luftmasche, 3 Stäbchen arbeiten. An dieser Stelle erfolgt in jeder der folgenden Runden die Zunahme über ein doppeltes Bündel, was zu den zwei Ecken des Ponchos auf Rücken und Brust führt. Die Runde mit 2 Stäbchen in die letzte Masche der Vorrunde (= zusammen mit den 2 Anfangsluftmaschen ein Dreierbündel) und mit einer Kettmasche in Paprika in die 2. Anfangsluftmasche beenden.

2. Musterrunde: 2 Luftmaschen, 2 Stäbchen um die 3. Luftmasche der Vorrunde, dann abwechselnd 1 Luftmasche und 3 Stäbchen um die nächste Luftmasche der Vorrunde häkeln. Die Zunahmen an über den gleichen Stellen wie in der Vorrunde durchführen. Die Runde mit einer Kettmasche in Rosa in die 2 Anfangsluftmaschen schließen.

ES GIBT DINGE, DIE WERDEN WIR MÄNNER WOHL NIE VERSTEHEN. EINES DAVON IST DAS KONZEPT EINES PONCHOS. EIN PONCHO IST ÄHNLICH NÜTZLICH WIE EIN BOLERO. KEIN FUNKTIONIERENDES KLEIDUNGSSTÜCK. ABER EGAL. DIE MEISTEN VON UNS FÜNF SIND JA MITTLERWEILE IN FESTEN HÄNDEN UND SO KAM ES, DASS DER WEIBLICHE TEIL DER HATNUT-FAMILIE FÜR EINEN PONCHO IM NEUEN BUCH STIMMTE. GEMEINSAM WURDE FOLGENDES MODELL ERSTELLT, WAS DURCH DEN OPTIONALEN LOOP DAS GEWISSE EXTRA BEKOMMT.

Die 1. und 2. Musterrunde fortlaufend wiederholen, dabei über den gleichen Stellen zunehmen und immer in folgender Farbfolge häkeln: Wollweiß, Paprika, Rosa, Fresie, Lagune, Gelb, Farn. Insgesamt 25 Runden im Muster häkeln. Abschließend in jede Masche der letzten Reihe 1 Stäbchen häkeln. Fertig ist der Poncho!

Loopkragen: Aus der Anschlagrunde des Ponchos mit der Knookingnadel die 88 Maschen in Wollweiß aufnehmen. Dann immer abwechselnd 6 Runden rechte und 6 Runden linke Maschen knooken. Den Loopkragen bis zur gewünschten Höhe knooken, der Kragen im Bild besteht aus 11 solcher 6er-Runden (= insgesamt 66 Runden).

Fransen: Garnstücke von je 20 cm Länge abschneiden und in die Abschlussrunde des Ponchos einknüpfen. Dabei für jedes Dreierbündel eine Franse einknüpfen. Je Franse mit der Häkelnadel in eine Masche der Abschlussrunde einstechen, die Garnstücke etwa bis zur Hälfte mittig durch die Masche ziehen, dann beide Garnenden durch die so entstandene Schlaufe führen und festziehen.

Hinweis
Sollte der Poncho zu kurz sein, einfach noch ein paar Runden mehr häkeln. Die hier beschriebene Größe entspricht auf dem Bild dem schwarz-weißen Modell. Die bunte Variante ist 3 Runden länger.

4 FÄUSTE FÜR RIO

Aufwand
Schwierigkeitsgrad

Material

- **Variante 1:** hatnut XL 55 (50 % Schurwolle, 50 % Polyacryl, Lauflänge 55 m/50 g): je 2 Knäuel: Gras (70) und Feuer (30)
- **Variante 2:** hatnut XL 55 (50 % Schurwolle, 50 % Polyacryl, Lauflänge 55 m/50 g): 2 Knäuel: Anthrazit (98) und hatnut fresh (50 % Schurwolle, 50 % Polyacryl, Lauflänge 55 m/50 g): 2 Knäuel: Grün-Gelb-Blau (107)
- Knookingnadel Stärke 4

WER ERINNERT SICH NICHT AN DEN ERSTEN SCHNEE IM WINTER UND DIE DAMIT VERBUNDENEN SCHNEEBALLSCHLACHTEN? UND WER SPÜRT NOCH DIE EISKALTEN HÄNDE ALS WÄRE ES GESTERN GEWESEN? MIT DIESEN TRENDIGEN UND GLEICHZEITIG WARMEN FÄUSTLINGEN IST MAN FÜR DIE NÄCHSTE SCHLACHT BESTENS GERÜSTET.

SO WIRD'S GEMACHT

Der Handschuh ist für eine normalgroße Männerhand geknookt und wird am Bündchen begonnen. Für Frauenhände die Maschenanzahl und die Länge des Handschuhs etwas verringern. In Gras/Anthrazit mit der Knookingnadel eine Luftmaschenkette mit 34 Maschen anschlagen und mit einer Kettmasche zur Runde schließen. Für das Bündchen muss die Maschenzahl durch 2 teilbar sein. Die 34 Maschen auf die Nadel aufnehmen und nun im Rippenmuster (= 1 rechte Masche, 1 linke Masche im Wechsel) knooken. Insgesamt 15 Runden (= ca. 7 cm) im Rippenmuster arbeiten. Zu Feuer/Grün-Gelb-Blau wechseln und ab jetzt stets glatt rechts (= nur rechte Maschen) weiterknooken. Nach jeweils 3 Runden die Farbe wechseln.

In der 3. Runde ab Bündchen mit den Zunahmen für den Daumenkeil beginnen. Dazu nach der 1. Masche der Runde 1 Masche zunehmen (aus dem Quersteg), dann 2 Maschen rechts knooken und erneut 1 Masche zunehmen. Den Rest der Runde normal knooken. Die Zunahme für den Daumenkeil in der 6., 9. und 12. Runde wiederholen, dabei beachten, dass bei jeder Zunahme 2 Maschen mehr zwischen den Zunahmen liegen (= insgesamt 10 Maschen für den Daumenkeil). Die restlichen Runden ohne Zunahmen glatt rechts knooken.

In der 15. Runde ab Bündchen die 10 Daumenmaschen auf einen Hilfsfaden knooken und stilllegen. Die Reihe weiterknooken, damit wieder 1 Runde entsteht. Auf Höhe des Daumenkeils 2 Maschen als Steg neu anschlagen, dazu den Faden um den Daumen der anderen Hand legen und mit der Nadel in die Daumenschlinge stechen und den Faden auf die Nadel gleiten lassen, den Faden gut festziehen.

Nun weiter im Muster bis Runde 36 knooken. In der 37. Runde beginnen die Abnahmen für die Spitze des Handschuhs. Dafür 2 Maschen arbeiten, dann 2 Maschen zusammenknooken. Ab jetzt bis Rundenende jeweils 3 Maschen knooken, dann 2 Maschen zusammenknooken. 3 weitere Runden ohne

Abnahme knooken. Nun für die 2. Abnahmerunde abwechselnd bis zum Rundenende 2 Maschen knooken und die folgenden 2 Maschen zusammenknooken. 2 Runden ohne Abnahme knooken, dann die folgende Runde mit 2 rechten Maschen beginnen und die folgenden 2 Maschen zusammenknooken. Ab jetzt bis zum Rundenende stets 1 Masche knooken, dann 2 Maschen zusammenknooken. 1 Runde ohne Abnahme arbeiten. In der letzten Runde fortlaufend 2 Maschen zusammenknooken. Arbeitsfaden abschneiden und durch die restlichen Maschen auf der Nadel fädeln, festziehen und verknoten.

Für den Daumen die 10 stillgelegten Maschen wieder auf die Nadel aufnehmen und zusätzlich die 2 neu angeschlagenen Maschen für den Steg an ihrer Unterseite mit aufnehmen (= insgesamt 12 Maschen). Nun im Muster weiterarbeiten. In der 15. Runde beginnt die Daumenabnahme. Dazu stets 1 Masche knooken und die folgenden 2 Maschen zusammenknooken. 1 Runde ohne Abnahme knooken. In der letzten Runde des Daumen fortlaufend 2 Maschen zusammenknooken. Arbeitsfaden abschneiden und durch die restlichen Maschen auf der Nadel fädeln, festziehen und verknoten.

Beim Beginn des Daumens die Wollfäden etwas länger lassen, um eventuell entstehende Lücken am Daumenansatz schließen zu können.

Für den linken Handschuh gegengleich arbeiten, also die Zunahme für den Daumenkeil nicht am Anfang der Runde, sondern am Ende arbeiten. Es muss entsprechend in der viertletzten Masche zugenommen werden, dann 2 Maschen knooken und vor der letzten Masche nochmals 1 Masche zunehmen. Die folgenden Zunahmen entsprechend gestalten. Den Rest des Handschuhs wie beschrieben arbeiten.

Aufwand
Schwierigkeitsgrad

Material
- hatnut XL 55 (50 % Schurwolle, 50 % Polyacryl, Lauflänge 55 m/50 g): 2 Knäuel Hellgrau (95)
- hatnut fun (50 % Schurwolle, 50 % Polyacryl, Lauflänge 110 m/100 g): 1 Knäuel Blau (606) oder Pink (604)
- Häkelnadel Stärke 6

FUNKENREGEN

SO WIRD'S GEMACHT

WIR HABEN MEISTENS KEINE LUST AUF GROSSE PROJEKTE ODER KOMPLIZIERTE MUSTER. ALS WIR DIE TIEFER GESTOCHENEN MASCHEN FÜR UNS ENTDECKTEN, WAR UNS SCHNELL KLAR, DASS SICH HIER SCHNELL UND EINFACH ETWAS SCHÖNES MACHEN LÄSST. DIESE MÜTZE WIRD DICKER ALS HERKÖMMLICHE MÜTZEN UND IST SOMIT PERFEKT FÜR KÄLTERE TAGE.

Die Mütze wird von unten begonnen. Für einen Kopfumfang von 60 cm 60 Luftmaschen in Hellgrau (relativ locker) anschlagen und mit einer Kettmasche zum Ring schließen (= 1. Runde). Die 2. Runde mit 1 Luftmasche beginnen, die Arbeit wenden und den Luftmaschenring zurück mit 60 festen Maschen behäkeln. Die Runde wieder mit einer Kettmasche schließen. So insgesamt 5 Runden feste Maschen häkeln. Durch das Wechseln der Häkelrichtung nach jeder Runde entsteht ein etwas anderes Maschenbild als beim Häkeln in die gleiche Richtung. Für den Farbwechsel die 5. Runde mit einer Kettmasche in Blau/Pink beenden. Ab jetzt nur in eine Richtung häkeln. Die 1. Musterrunde mit tiefer gestochenen Maschen beginnt mit 2 Luftmaschen, um die nötige Höhe zu erreichen. Dann immer abwechselnd 1 halbes Stäbchen in die feste Masche der 4. Runde (= 1 Runde tiefer) und 1 feste Masche in die feste Masche der 5. Runde (= Vorrunde) häkeln. Dieses Muster bis zum Rundenende fortsetzen. Für den Farbwechsel die Runde mit einer Kettmasche in Hellgrau in die 1. Masche der aktuellen Runde schließen. Die 2. Musterrunde beginnt mit 1 Luftmasche, da die 1. Masche 1 feste Masche wird. Danach immer abwechselnd 1 halbes tiefer gestochenes Stäbchen und 1 normal eingestochene feste Masche häkeln. Diese 2 Runden immer wiederholen, bis 13 Runden im Muster gehäkelt sind. Jetzt beginnen die Abnahmen, den Farbwechsel beibehalten. In der 14. Runde des Musters 10 Maschen abnehmen, dazu jede 5. und 6. Masche zusammen abmaschen (= 50 Maschen). Die 15. Runde ohne Abnahme häkeln. Nun diese 2 Runden 3-mal wiederholen (= 20 Maschen), dabei die Abnahmen über den gleichen Stellen arbeiten. In der 22. Runde werden jeweils 2 Maschen zusammen abgemascht. Durch die verbleibenden 10 Maschen einen Faden fädeln und zusammenziehen. Die Fäden vernähen und fertig ist unsere Mütze.

Für eine Kopfgröße von ca. 56–58 cm nur 56 Maschen anschlagen. Die Abnahmen 1 Runde früher beginnen (nach 12 Runden im Muster). In der 1. Abnahmerunde nur 6 Maschen abnehmen. Danach wie beschrieben in jeder Abnahmerunde jeweils 10 Maschen abnehmen.

Aufwand
Schwierigkeitsgrad

Material
- hatnut XL 55 (50 % Schurwolle, 50 % Polyacryl, Lauflänge 55 m/50 g): 3 Knäuel Weiß (01) und 1 Knäuel Marine (50) bzw. 3 Knäuel Lagune (63) und 1 Knäuel Feuer (30)
- Häkelnadel Stärke 6
- 3 farblich passende Knöpfe

EMILIA EXTRA

So wird's gemacht

Die Mütze wird von oben begonnen. Für einen Kopfumfang von ca. 57–59 cm 3 Luftmaschen in Weiß/Lagune anschlagen und 10 Stäbchen in die 1. Luftmasche häkeln. Die Runde mit einer Kettmasche in das 1. Stäbchen schließen. Ab jetzt jede Runde mit 2 Luftmaschen beginnen, um die nötige Höhe zu bekommen, und mit einer Kettmasche schließen. **2. Runde:** Jedes Stäbchen verdoppeln, dazu 2 Stäbchen in jedes Stäbchen der Vorrunde häkeln (= 20 Maschen). **3. Runde:** Jedes 2. Stäbchen verdoppeln (= 30 Maschen). **4.–6. Runde:** Je Runde 10 Maschen zunehmen, also die 3./4./5. Masche verdoppeln (6. Runde = 60 Maschen). 7 Runden ohne Zunahme häkeln. Nun nicht wie gewohnt weiterhäkeln, sondern 8 Luftmaschen häkeln, dadurch entsteht der Überstand für die Knöpfe an der Seite der Mütze. Dann am Anfang der 8. Runde neu ansetzen und 1 Runde Stäbchen häkeln, dabei auch die 8 Luftmaschen abhäkeln. Es wird nun nicht mehr in Runden gearbeitet. Die Arbeit wenden und nach den 2 Wendeluftmaschen für die Höhe wie folgt im Blendenmuster arbeiten: **Hinreihe:** 1 Reliefstäbchen von hinten um die Masche der Vorreihe arbeiten. Nun einmal vor und einmal nach dem folgenden Stäbchen einstechen, dazu 1 Umschlag auf die Nadel nehmen und vor der Masche einstechen, Faden holen, nach der Masche einstechen und Faden holen. Es befinden sich nun 4 Schlaufen auf der Nadel. Zunächst die ersten 3 Schlaufen abmaschen und dann die restlichen 2 Schlaufen abmaschen. 1 Reliefstäbchen von hinten um die nächste Masche. 1 Umschlag auf die Nadel nehmen, vor der Masche einstechen, Faden holen und hinter der Masche einstechen. Zunächst die ersten 3 Schlaufen abmaschen und dann die restlichen 2 Schlaufen. Nach diesem Schema bis zum Reihenende arbeiten. **Rückreihe:** Über alle Maschen halbe Stäbchen häkeln. Die beschriebene Hin- und Rückreihe noch 4-mal wiederholen, dann ist die Zielgröße der Mütze erreicht. Nun beginnend vom Ansatz der 8 Luftmaschen in der 8. Reihe den Rand mit festen Maschen in Marine/Feuer umhäkeln.

Knöpfe, Buttons, Pulsadores: Die runden Dinger gibt es in allen Farben, Grössen und mittlerweile überall auf der Welt. In manchen Kulturen sind sie Symbole für den Rang in der Gesellschaft, in anderen ein Qualitätszeichen als Knopf im Ohr. Es ist also Zeit, dass wir den runden Dingern auch mal eine Bühne bieten, und wir finden, die Mütze mit den Knöpfen ist richtig chic geworden.

Fertigstellung
Den unteren Teil der Mütze schließen. Dazu auf der Innenseite die später nicht sichtbare Kante an das überlappende Teil nähen. Darauf achten, dass die unteren Kanten der Mütze und des überlappenden Teil parallel liegen. Zuletzt die drei Knöpfe gleichmäßig verteilt anbringen. Fertig ist Emilia Extra.